都市鉄道の技術社会史

Shuichi Takashima
高嶋修一

山川出版社

都市鉄道の技術社会史

目次

※引用文中の〔　〕の箇所は引用者による。
※引用文中の……は省略を示す。
※引用文中の明らかな誤字・誤植は訂正した。
※漢字は、人名を除き、原則として新字体を用いた。

都市鉄道の技術社会史

序　章

技術と社会

本書のタイトルにある「技術社会史」というのは、筆者の造語である。なぜ単に「技術史」とせず、このように奇妙な言葉を使うのか。最初にその意図を述べておきたい。本書が扱うのは、近代日本の都市交通にかかわる技術である。こういって連想するのは、たとえば蒸気機関車が電車にとってかわられるといった事象に代表されるような、近代産業が生み出したさまざまな機械が導入され、しだいに大型化・高速化されて大量輸送に対応していく過程であろう。人によっては線路や道路、駅舎などの土木・建築技術を思い浮かべるかもしれない。いずれにせよ、物質的な側面に注目している見方といえる。

このような技術の捉え方は、たとえば『日本国有鉄道百年史』という一九六九(昭和四十四)年から一九七四年にかけて刊行された全一九巻からなる書物に典型的にあらわれている。同書では技術史に少なからぬ紙幅が割かれているが、一方でそれらは国鉄の経営状態や鉄道と社会との関係などといった事柄から切り離され、機械・電気・情報・土木・建築といった各分野の技術の変遷が淡々と叙述されるという特徴あるいは限界をもっていた。さらにいえば、各分野の技術も相互に関連づけられず、まったく独立して書かれていたのである。最近でも、重化学工業メーカーの社史などに同じような構成をとるものがあり、なかには専門のエンジニアでないと理解できないような難解なものもある。

こうした方法で特定の技術の変遷を記録しておくことは、たしかに重要であろう。だが、技術という言葉はもっと多義的であって、単に物質的な事柄をのみあらわすわけではない。たとえば、コンピュータのプログラミングに要する知識や運用能力を「技術」と呼ぶことについて、異を唱える人はおそらくいないであろう。「プログラミング技術が進む」というときには、コンピュータを作動させるための従来とは異なる新しい一連の命令体系が考案されるような事態を指すのであって、（多くの場合それを組み込むハードウェアの技術的変化をともなうにせよ）何か物質的な要素の変化を指し示しているわけではない。

都市交通の分野においても、たとえば三戸祐子《みとゆうこ》が『定刻発車』で描写したような、鉄道における高頻度の列車運転をダイヤどおりに実行してほとんど遅延を生じさせないような「技術」が存在する。三戸によれば、日本の鉄道が高頻度でありながら世界に類をみないような定時運行を実現している究極的な理由は、それを動かす人に求められるのであって、何か特別な機械によってそれが実現しているわけではない。ただ、それは属人的な職人芸、すなわち「熟練」とも違いそうである。こうしてみると、ひと口に技術といっても考えなければならないことは沢山あって、つきつめれば「技術とは何か」という問いにまで行き着くことに気づかされる。

技術とは何か、という大きな問題には、これまで多くの人びとが取り組んできた。日本においてもかつて哲学者の三木清《みききよし》が「技術とは何か」を論じ、それを、人間が環境に働きかけるに際しての「行為の形」の一つであると規定した。たとえば、食料を得る際にいきなり獲物に向かうのではなく「道具の製作→道具の使用→ワナの作成→獲物の獲得」という手順を踏むというふうに、単独で目的を達成し完結するのではなくて一つの行為が別の行為を導き出し、それがさらに別の行為へとつながって迂回的に目的を達成するといった行動様式である。システム化された行動様式とも表現できよう。

このように考えれば、右に述べたようなコンピュータソフトウェアに関する「技術」やダイヤどおりの列車運行を実現する「技術」というものも理解することが可能になってくる。三木はさらに、技術には自然環境に働きかけるものだけでなく社会環境に働きかけるものも含まれており、社会を変えていくための社会技術、そしてそれを支える社会科学の重要性を強調した。社会は巨大なシステムであり、人びとの行動そのものをそのなかに組み込んでいく「技術」によって、社会そして人間は変化していくというのである。

冒頭に掲げた「技術社会史」という言葉はつまり、技術をとおして社会の変化をうかがうという本書の狙いに由来している。

交通史研究と技術

実は、近代の交通にまつわる技術が単に物質的な側面のみならず社会技術としての性質を備えていることは、かなり以前から指摘されていた。というよりも歴史学あるいは筆者が専攻する経済史の分野では、元来そうした側面こそが重視されていたといってよい。たとえばヨーロッパの産業革命における道路や運河、そして鉄道といった交通手段の発達は、各地に生まれた局地的な市場圏同士を結びつけ、全国的な市場圏の形成、つまり資本主義というシステムを全国にゆきわたらせて社会変革に大きな役割を果たした点にその意義が与えられてきた。

もっとも、日本近代史の分野においては少々事情が異なっている。かつて、日本の近代交通機関は軍事・警察的な役割をおびた支配の手段という程度にしか理解されていなかったが、一九六〇年代から八〇年代になると鉄道などの交通機関が商品流通に果たした役割が強調されるようになり、さらに九〇年代以降になると経営史の視点を取り入れながら個別企業の経営に立ち入った分析も行われるようになった。こうして具体的な事例に即した精緻な実証研究が進んだ。だが、その反面、近代交通機関が社会にもたらした影響が大局的に論じられる機会は少なくなっていった。

これに関連して、東島誠《ひがしじままこと》は興味深い指摘を行っている。東島によれば明治期において「交通」という言葉は「交通する」という動詞形で使われており、それは自己と他者とによる思想の交換などといった、物質的な面にとどまらない主体間の関係形成(communication)をあらわす言葉であった。ところがそのための鉄道や郵便といった具体的な交通手段が普及するにつれて本来の意味が薄れ、こんにち我々が使うような単なる人や物の移動(transport)という意味に変化していったのだという。こうした事実を踏まえ、東島は transport の実証に終始した「交通史研究」を批判する。それは人や商品の移動に関する実態解明をとおして、その背後にある人びとの関係を見通すべきであるという提言とも受けとめられよう。

実は、そのような問題意識に基づく研究がなかったわけではない。一九八〇年代、原田勝正《はらだかつまさ》は近代交通機関、とりわけ鉄道がもつ社会技術としての性質に着目し、大量・高速輸送を命題とする鉄道技術が同時にその仕事に携わる人びとやそれを使う社会の規格化・平準化を促進するという問題に、さまざまな側面から光をあてようとしていた。しかし、こうした原田の提言はそののち必ずしも積極的に継承されなかったのである。

都市交通と社会の変化

本書の課題は、以上のような問題意識をもちながら、一九世紀末から二〇世紀前半の東京都市圏における鉄道や軌道といった交通機関にまつわる技術の変遷と、それがこの時期の社会にもたらした変化について述べることである。

近代以降の通勤・通学の範囲は、基本的には拡大の傾向をたどってきた。それが交通機関をめぐるハードウェアの技術的変遷に裏づけられたものであることは疑いない。明治一〇年代に登場した馬車鉄道、二〇世紀にはいり登場した市街電車(路面電車)、両大戦間期に発達した高速鉄道などは朝夕の通勤・通学を可能にした。移動に関する人びとの自由度が増進したのは事実であったが、一方では人びとの移動が鉄道や道路の立地に制約されるようになり、また都心の凝集力を強める一方で周辺地域間のつながりを弱め、近世以来の移動ルートを衰退させた。さらに、職住の分離は、地域内における人びとの関係にも影響をおよぼし、町や村がそれまでもっていたある種の自律性を喪失させることにもなった。

こうした地域社会の変容を前提に、両大戦間期以降、より高次の行政による計画的な都市と交通の整備が要請されるようになった。そこで発達したのが「都市計画」や「交通調整」といった社会に働きかけるような性質の技術であり、これらはその分野における専門技術者を担い手としていた。第二次世界大戦中にはこうした技術が統制的な政策と結びつき、いくつかの要素は戦後にまで引き継がれた。一見すると自由な選択の結果として成り立っているようにみえる人びとの生活が、一方で社会技術を含む巨大な技術体系に裏づけられたシステムのなかに埋め込まれていることは、珍しくない。我々だけが例外だとは断言できないであろう。

技術とは何か、この時期に形成された社会の本質は何か、といった大きな問いに真正面から答えるための準備は残念ながら整っていないが、そうした問題を考える手がかりが得られれば、筆者の願いは達せられたことになる。

なお、技術と社会変化との関係を論じる場合には、労働のあり方の変化に注目することも多い。たとえば産業革命期に工場労働の普及によって高度に熟練した職人の地位が低下し、かわって単純労働に従事する賃労働者が一般化するであるとか、やがて重工業が広まると機械の操作やマネジメントなどに専門知識が必要となり高度な教育を受けた新中間層の重要性が増すとかいったことである。

これは人間の諸活動のうちとりわけ生産活動を重視する考え方で、経済史家たちは「資本・賃労働関係」の成立や変容という言葉でその変化を表現してきた。こうした見方は交通労働の研究にも応用されていて、たとえば専門職である機関士のストライキに近代的労働運動の萌芽をみいだす研究などが存在する。

ただ、あらかじめ断っておくと、本書では技術と交通労働の関係についてはあまり取り上げていない。この問題を軽視するわけではないが、ここではむしろ新たな技術が、それによって生みだされたサービスを利用する立場の人びとにあたえる影響のほうに注目してみたい。

ハードとソフトの両方の技術に支えられて、東京の通勤圏は一九八〇年代まで拡大を続け、部分的には新幹線による通勤すら生み出した。だが、一九九〇年代以降のポストバブルの時代にはいると、都心回帰や在宅勤務の出現などによって人びとの通勤のあり様は再び転機を迎えた。人びとの生活そのものも変化し、現在では決まった時刻にひとところに集まって働くという行動パターンそのものが見直されつつある。このような時期に臨んで本書のようなテーマについて考えておくのも、何らかの意味があるのではないだろうか。

原田勝正『汽車・電車の社会史』(講談社現代新書、一九八三年)
三戸祐子『定刻発車―日本社会に刷り込まれた鉄道のリズム』(交通新聞社、二〇〇一年)
三木清『技術哲学』(岩波書店、一九四二年。ここでは『三木清全集第七巻』〈岩波書店、一九六七年〉を利用)
東島誠「交通の自由、思想の運輸」『東京大学日本史学研究室紀要』第五号(二〇〇一年)

第1章

明治の東京と馬車鉄道

1 近代交通機関としての馬車鉄道

馬力利用の背景

馬車鉄道は、鉄製のレールを使用しつつも動力に馬力を用いる交通機関である。木材や石材で軌道《きどう》(轍《わだち》)をつくることで車輪の転がり抵抗を減少させる工夫は古代ローマや中世の日本でもみられたというが、近代になって鉄の大量生産が始まるとやがて鉄製のレールが普及するようになった。平らな鉄レール上を鉄輪が転がるときの抵抗は、未舗装道路を木製の車輪が転がるときに比べ大幅に減少するので、通常の馬車よりも効率のよい運搬が可能だからである。

動力の機械化はこれに遅れた。鉄道発祥の地であるイギリスでは、産業革命末期に蒸気機関車が実用化されるまでは馬力が広汎《こうはん》に利用されていた。ごく一般的な常識に照らせば、これは機械動力よりも技術的に低位なものと考えられそうだが、機械化というのは実際にはそれほど単純なものではなく、二〇世紀にはいってもこうした「鉄道」はヨーロッパを含む世界各地で多く見られた。

図1-1｜東京馬車鉄道の鉄道馬車
（出典：東京都公文書館編『都史紀要33 東京馬車鉄道』1989年）

一八八二（明治十五）年に運行を開始した東京馬車鉄道（図1―1）はその一つであった。日本ではじめて蒸気鉄道が開業したのは一八七二年であるから、それから実に一〇年もの年月が過ぎていたことになる。

馬力が導入された理由としては、初期投資を低額におさえる意図があったことが指摘される。薩摩出身の種田誠一《たねだせいいち》らが、同郷の財界人であった五代友厚《ごだいともあつ》の後見により馬車鉄道を計画して敷設を東京府に願い出たのは、一八八〇年のことであった。その願書中で出願者たちは欧米の馬車鉄道を引き合いに出し、「其費用汽車鉄路ヲ起スノ費金三分ノ一ニシテ築造スヘク」と述べている。たしかに、蒸気機関車はそれだけで大規模かつ高額な設備であり、軌道などの設備も相応に重厚なものとせざるを得ない。また、設備が完成したあとの運転にも専門の知識と技能とを備えた要員を多数配置しなければならず、コストはますますふくらむであろう。まして明治一〇年代前半の日本では機関車や地上設備用の資材、そしてスタッフの多くが外国(イギリス・アメリカ)頼みであり、汽車鉄道は高くつくものであった。[1]

もっとも、少々高額の投資を行ってもそれをすぐに取り返せるだけの輸送需要があれば問題はない。だが、はたしてこの時期の東京でそれだけの輸送需要が見込めたのであろうか。江戸の人口は最盛期一三〇万人に達したといわれるが、明治維新により急激に減少し、馬車鉄道が計画された時期にはようやく一一〇万人に回復したところであった。[2] また、府知事楠本正隆《くすもとまさたか》が述べたように、明治一〇年代初頭の東京の市街地は江戸時代の朱引《しゅびき》(図1―2)の範囲よりも狭

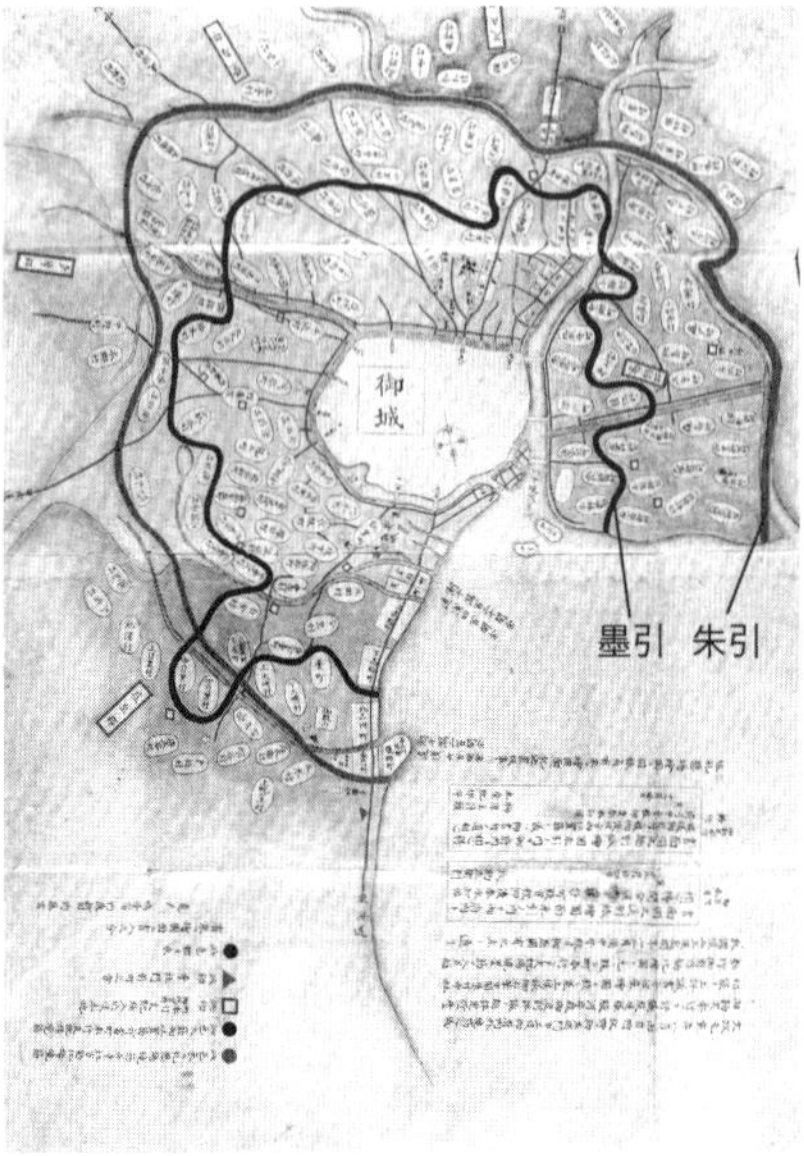

図1-2 |『江戸朱引内図』
江戸時代の朱引(朱線)内が「御府内」とされた。(東京都公文書館蔵)

かった。[3] 日本橋に立地した旧来の商家の経営も振るわず、東京の経済は沈滞しており、市内交通の需要ははなはだ頼りないものであったと考えられる。

また、運転の実際に照らして機械力が有利であったとは考えにくい。東京馬車鉄道の運転速度は時速二里(約八キロ)に制限されており、この程度であれば蒸気機関車を導入する速度面のメリットはほとんどなかったであろう。停留所以外の場所でも自由に乗降することが可能であったという事情も影響している。馬車においては乗客から停車の要請があると対応するのは車掌であり、車掌が馭者《ぎょしゃ》に伝えて馬を停止させることとなっていた。だが蒸気機関車では車掌と機関士との敏速な意思疎通は難しい。頻繁に発進と停止を繰り返し、さらにそれがいつどこで行われるのかを事前に予測できない状況では、蒸気機関車の利用は現実的ではなかったであろう。

東京馬車鉄道の発起人たちは「官命を帯びて欧米各国を視察するや、到る処の都市に馬車鉄道の開通せるを見て」この計画を思い立ったといわれており、[4] すでに汽車鉄道が広く普及していた英国ロンドンでも、市内交通には馬力が選択されていた。都会の路上で蒸気機関車が熱・煙・騒音を出しながら走行すれば、当時深刻化していた都市問題をいっそう悪化させることになってしまうのであるから、当然といえば当然であろう。

レールの利用とクローズド・システムの採用

東京馬車鉄道の発起人たちによれば、鉄道馬車は通常の馬車(尋常馬車)に対して次のような利点があるとされた。

・尋常馬車よりも「幾倍ノ馬力ヲ減殺スル」ことができる。(経済性)
・尋常馬車が「縦横馳突《ちとつ》し、動《やや》モスレハ衝傷《しょうしょう》ノ患《わずらい》ア」るのに対し、馬車鉄道は「軌道アリ、行進ニ定度アリ、故ニ衝突ノ憂《うれい》ナキナリ」。(安全性)
・「尋常馬車ノ馳走《ちそう》スルヤ時間ニ定期ナシ」。馬車鉄道は「行進時間ヲ一定シ、乗客ヲシテ時間ヲ誤マラシメザルナリ」。(定時性)

これらのうち、一点目と二・三点目とはやや性質が異なる。一点目は鉄製のレールを利用することによるメリットであるが、あとの二点は軌道を専有して他者の侵入を許さず、自前の車輌だけを運行することによって生じるメリットである。軌道を専有してほかの車輌を進入させないようにすることは現代の感覚では当然かもしれないが、このような方式(クローズド・システム)は鉄道ができたときには必ずしも自明ではなかった。

たとえば、一八〇二年にロンドン近郊で営業を開始したサリー(Surrey)鉄道は公共交通機関として建設された最初期の馬車鉄道の一つであるが、自社の馬車に限らず、線路の通行料さえ支払えば誰でも自前の馬車をもち込むことができた。この鉄道では、レールと車輪の構造が現在の鉄道とは異なり、フランジのない車輪でも走行できるようになっていた（図1―3）。左右の車輪間の幅さえ線路にあわせておけば、馬車は通常の道路上では一般の馬車と同じように走行し、線路が敷設されている区間では鉄道馬車として走行することができるというわけである。有料道路に近い考え方に基づいたこの方式は、クローズド・システムに対しオープン・システムと呼ばれ、蒸気機関車が発明されてからもしばらくは採用されていた。イギリスで最初に蒸気機関車を利用した公共鉄道であるストックトン―ダーリントン鉄道も開業後しばらくはオープン・システムを採用し、馬と機関車が並存していたことはよく知られている。

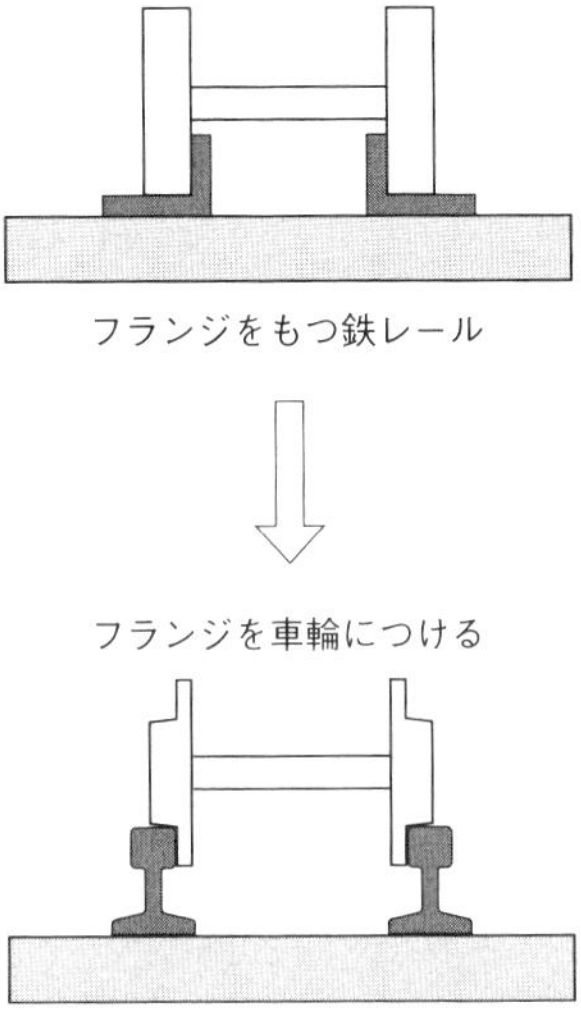

図1-3｜脱線を防ぐフランジ
（青木栄一『鉄道の地理学』〈WAVE出版，2008年〉より作成。）

だが、蒸気機関車という大がかりで容易には軌道上からはずすことのできない機械が普及し、さらに列車の本数が増えていくと、あらかじめ運行ダイヤを定めほかの車輛を排除する必要が強まり、やがてクローズド・システムが一般的となった。その過程でレールは現在の形状に近いI字形の断面になり、車輪はレール上のみで走行することを前提としたフランジ付きのものに変化していったのである。日本に鉄道が導入された際には、蒸気機関車や鉄製のレールのみならず、クローズド・システムという近代にはいって編みだされた運営方法も一緒に移入された。東京馬車鉄道もまた、このシステムを初めから採用したという点では間違いなく近代の交通機関であったといえよう。

馬車鉄道を監督する立場にあった内務省も、そのことを肯定的に評価していた。それまでの東京では一八七〇年に登場した人力車と、[6] 翌年営業を開始した乗合馬車とが公共交通機関の役割を担っていた。東京馬車鉄道の開業直前にあたる一八八一年時点で東京府内の人力車は二万五〇〇〇台弱あり、[7] 馬車は一五区内で七五人の営業者が一二四台運行していたという。[8] だが、これらには「定軌」(レール)がないために「縦横路上ヲ蹂躙《じゅうりん》シ故《ことさ》ラニ道路ノ破壊」をなし、しかも責任の所在がはっきりしないため結局は行政の負担で修理しなければならなかった。馬車鉄道のように「轍軌《てっき》ヲ設ケ通車ノ線ヲ定メ」ればそのような「弊害」を除くことができるうえ、「営業者ヲシテ轍軌外幾部分ノ修補ヲモ負担セシメ候上ハ自然官ノ手数ヲ省」けると考えていたのである。また、同省は従来の人力車や馬車における「車体ノ汚穢《おわい》」や「車夫馬丁《しゃふばてい》ノ不都合ナル風俗」を問題視しており、さらに「行人ヲ毀傷《きしょう》シ、又ハ行客ニ乗車ヲ強ル等」「街路取締上」の問題があるとも指摘していた[9]。東京馬車鉄道がクローズド・システムを採用すれば、こうした事態の改善にもつながると考えられていたのである。

単線か複線か

東京馬車鉄道は、幅員五間（約九メートル）以上の道路上では複線を原則とした。すでに述べたように乗降を任意の場所で行えることとしていたうえに、正確な運行ダイヤも設定しておらず、六〜七分ごとに馬車を運行するには複線が有利であった。複線だから単線よりも「進んでいる」のではなく、システムとして未熟であるがゆえの選択だったのである。

ただし、幅員五間以上であっても交通量の多い区間では単線とされた。当時、日本の道路の大部分では人道車道の区別がなく、「通行繁劇《はんげき》ノ路線ニ於テハ大ニ危険」と東京府が判断したのである。馬車鉄道の認許にあたって付された「命令書」には、すでに複線を建設した道路であっても、将来的に歩車道を区別したのち車道幅員が十分確保できない場合やほかの車馬が幅《ふく》輳《そう》して「通行危険」と判断されたときには、複線のうち一線をほかの道路に移設すること、その場合の費用は自社で負担することが明記されていた。

もっとも、橋梁の上に線路を敷設する場合はこの限りでなかった。日本橋を例にとると、ここでは一八八二年当時すでに人道と車道が分離しており、そのうち車道の幅員は一六尺八寸（約五・一メートル）であった。東京馬車鉄道の馬車は幅員六尺五寸三分八厘（約二メートル）であったから、仮に橋の端に単線を敷設すれば残り約一〇尺で、ここに一般の馬車や人力車をとおすことはかろうじて可能であるものの、すれ違いは不可能である。これでは馬車鉄道も一般の馬車もそれぞれ「単線」となり、橋のたもとにそれらが滞留すればかえって交通の妨げとなってしまう。これに対し、もし馬車鉄道を複線で敷設すれば、橋の幅員は線路によってほとんどすべてふさがれるものの、鉄道馬車同士のすれ違いには問題がないし、そのほかの馬車人車も鉄道馬車のあとについていけば危険は少なく、さらに橋詰における渋滞の心配もない。こうした理由で、日本橋・新橋・京橋・今川橋・須賀橋では複線が採用された。ただし万世橋のみは幅員が五間二尺（約九・七メートル）あったものの、橋の前後の道路がやや広いことからここに馬車が停車しても大きな問題はないとされ、単線が適当とされた。

2 馬車鉄道の利用

運転状況と利用者

東京馬車鉄道が一八八二(明治十五)年に開業した路線は、新橋・日本橋・上野・浅草を結んでいた(図1―4)。馬車は、定時馬車・常時馬車・臨時馬車に区別されていた。定時馬車は「汽車到着ノ時間毎」に発車し、乗客の多寡にあわせて両数を調整した。常時馬車は新橋から日本橋の間に限って六〜七分間隔で「汽車ノ到着ニ拘ハラス常ニ運転」された。臨時馬車は「特ニ乗客ノ依頼ニヨルカ、或ハ祭祝日等ニテ往来人ノ多キ時ニ際シ臨時ニ発車スル」こととされていた。[11]

ここからわかるように、東京馬車鉄道は新橋―横浜間を結ぶ官設鉄道に接続して輸送を担当することを重要な任務の一つと位置づけていた。馬車鉄道の開業当時、官設鉄道は新橋までしか達しておらず、築地居留地や日本橋といった市街地に向かうためには人力車や馬車に乗り継がなければならなかった。翌一八八三年には日本鉄道が上野駅を開業し、ここでも乗り換え客

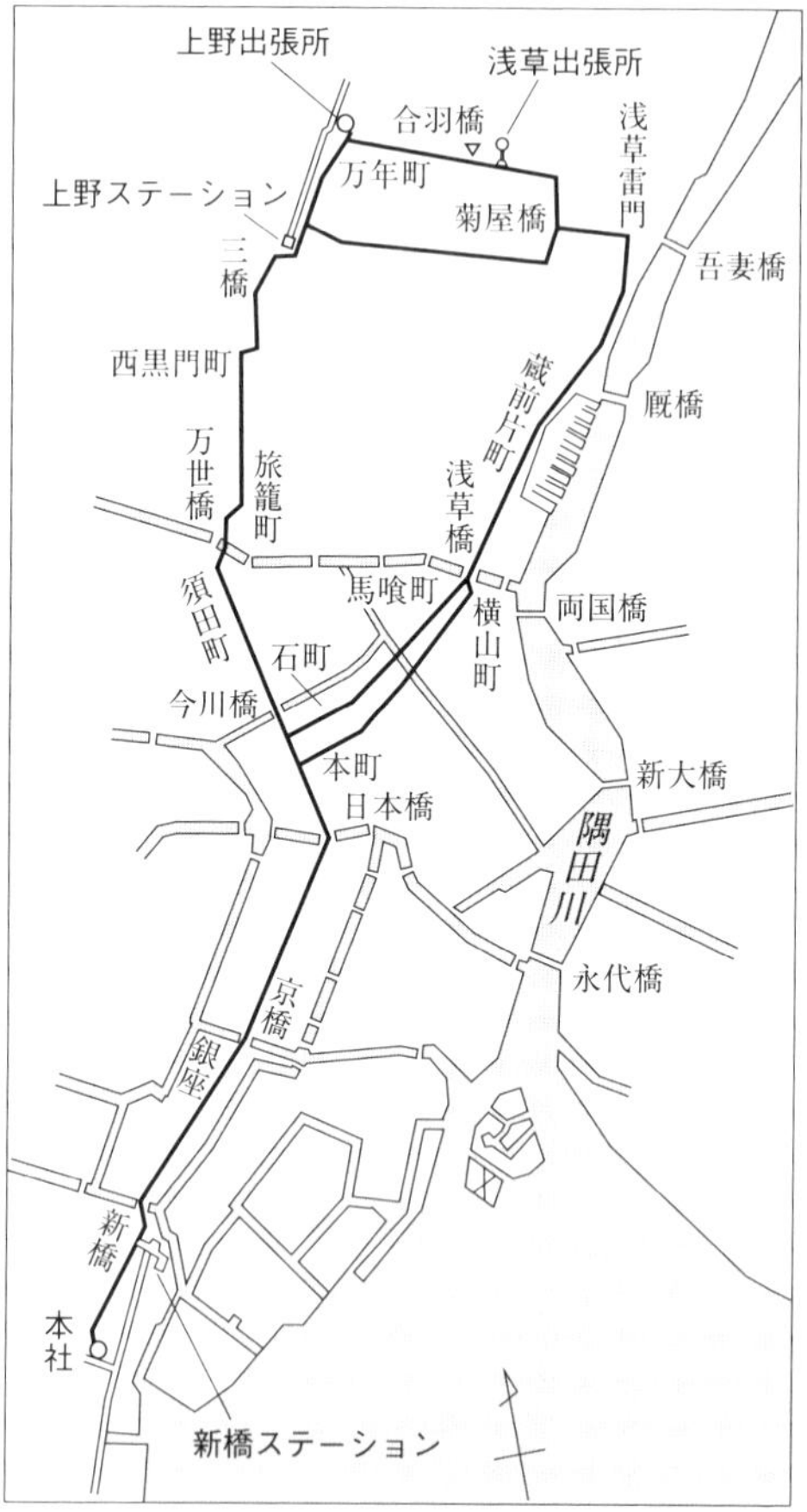

図1-4｜東京馬車鉄道路線図
（1897年8月現在。東京公文書館編『都史紀要33　東京馬車鉄道』〈1989年〉より作成。）

が利用したはずである。日本鉄道は一八八五年に山手線の赤羽―品川間を開業して官設鉄道との連絡をはかったものの、そのルートは市街地の西側を大きく迂回しており、日本橋や浅草といった繁華街を走るのは馬車鉄道だけであった。官設の東海道鉄道が全通した一八八九年における東京馬車鉄道の営業概況報告書は「汽車鉄路ノ〔日本の〕東西ニ連絡ヲ為スノ故ヲ以テ随テ都下人員ノ集散日ニ増殖」[12]と述べており、汽車鉄道網の拡大が東京への人びとの往来を増加させ、馬車鉄道の利用客にも影響をあたえていたことがうかがえる。
とはいえ、当時の汽車鉄道は運転本数もそう多くはなかった。東京馬車鉄道の利用客は一日一万五〇〇〇人にものぼっていたが、汽車鉄道からの乗り換え客だけでこれだけの人数に達したとは考えにくく、むしろ数分ごとに運転された常時馬車の乗客が多かったとみるべきであろう。東京馬車鉄道の営業概況報告書は「府下ノ商況」に応じて「市街往来」が増減すると指摘しており、[13]市街地内の移動に馬車鉄道を利用する人びとも一定程度存在したことを裏づけている。報告書にはこのほか浅草酉《とり》の市《いち》や上野公園で開催された競馬および博覧会にも言及があり、こうした機会に臨時馬車を運行したことが推察される。

しかし一方で、当時は通勤や通学にこうした交通機関が利用されることはほとんどなかった。一定の時刻に多人数が通勤・通学するという習慣は、明治維新後に近代国家の制度が整えられていくなかで、まず官庁、続いて学校教職員および生徒、そして企業の社員や労働者にも広がっていったが、高級官僚や上級職員がお抱えの人力車を使うのを除けば、一般の人びとは徒歩で通勤するのが普通であった。近代的な工場も建設されたが、その労働者は寄宿舎に住むことが多かったし、商家でも住み込みによる労働が一定の割合を占め、職住分離はそれほど進んでいなかった。[14]

学生も公共交通を利用することは少なかった。寮や近隣の下宿に住んだためもあろうが、そもそもこうした乗物を日常的に利用するという感覚が浸透していなかった様子もうかがえる。第一高等学校受験に備え一九〇二年に上京した石橋湛山《いしばしたんざん》は、芝魚藍坂《しばぎょらんざか》の母親宅から神田錦町の正則《せいそく》英語学校まで徒歩で通学していたという。品川―新橋間を結んでいた東京馬車鉄道品川線（一八九七年に品川馬車鉄道として開業、一八九九年に東京馬車鉄道が買収）が近くをとおっていたにもかかわらず、利用しなかったのである。理由の一つは運賃の高いことであったが、同時に停留所前後の徒歩がわずらわしかったためという。[15] 一八九九年に上京して明治学院にかよった風刺作家の生方敏郎《うぶかたとしろう》も「学生はどんな遠くへ行くにもテクテク歩きで、そう乗物には乗らなかった。私は殊に覚えるほどわずかしか乗った経験を持たない」[16]と回想している。

乗車から下車まで

乗降はどのように行ったのであろうか。特定の停留場のみならず任意の場所で乗降することが可能であったことはすでに述べたが、その根拠は東京馬車鉄道の「乗車心得」にあった。これによれば、乗車時は「馬車線路ニ近ツキ手ヲ揚ケ、或ハ之ヲ呼ハル、トキハ、速ニ馬車ヲ停ムヘシ」とあり、下車時も「車掌ニ告知」することになっていた。乗降は「車ノ後部ヨリナス」こととされた。前部のデッキは馭者台で、二頭立ての鉄道馬車の運転にあたっていた。

車内の様子はどうであったのか。馬車一両の定員は三六人で、着席二四人、立席一二人とされていた。座席は現在の通勤電車と同じように進行方向と直角に据えつけられ（いわゆるロングシート）、立ち客は通路に一列に並ぶことが想定されていた。実際の車内の混雑度を知るのは容易ではないが、数値を入手できる一八九一年から一八九四年までについて乗客数を馬車の運転回数で割ると、一回（新橋から浅草・上野を経由して新橋に戻るまで）あたり六〇人前後が利用した計算になる。もっとも、一回の運行で新橋から新橋まで一四停留所を全員が乗りとおすことはまずなく、必ず途中で乗客が入れ替わる。同じ期間における乗客一人あたりの運賃収入は二～三銭であったから、乗車距離にしてせいぜい二～三停留所程度であり、大雑把に計算して五～六回は乗客が入れ替わったことになろう。つまり、馬車一台あたりには乗客はおよそ一〇人強が乗車していたということになる。先ほどもふれた生方敏郎の回想によれば、花見や祭の時期を除けば「乗れば大抵腰掛けることが出来た」[17]とのことであるから、つじつまはあうだろう。

さて、馬車に腰かけると車掌がやってくる。車掌は一台に一人が乗務しており「乗客の切符を売るを専務とし、傍《かたわ》ら壱台に関する雑務をなす」こととなっていた。[18]車内で「切手」（切符）を買うと、車掌が「切手ノ小部分ヲ裁断」する。乗客は半券を受け取り、乗車中はそれを携帯して、下車時に車掌に渡すこととなっていた。切手を裁断するのは、あとで売り上げと切手の販売枚数をチェックすることにより車掌の運賃横領を防止する狙いがあった。実際、会社は乗客に対して、「切手」を裁断しなかったり、運賃のみを受け取る車掌がいたりしたときには会社に通知するよう呼びかけていた。[19] 乗務終了時に裁断された切手の枚数と手持ちの現金の額を照合することで不正を防止したのであろうが、乗務時に携帯する切手の枚数や現金の額も厳しく管理されていたものと思われる。現場の従業員のための労務管理技術も必要であった。

3 経営改善の取り組みと電化の志向

一八九〇年代の「営業改良」

東京馬車鉄道の開業後数年間の営業成績は、きわめて良好であった(表1―1)。株式払い込みの遅滞や車輌など設備投資費の膨張によって少なからぬ負債を抱えてはいたものの、それらも一八八七(明治二十)年までという比較的短期間のうちに償却することができ、同社は路線の

表1-1｜東京馬車鉄道の乗客数と運賃収入および運転回数

年度	乗客数(千人)	運賃収入(円)	運転回数(回)
1883	3,907	126,644	—
1884	5,298	142,415	—
1885	6,350	146,973	—
1886	5,939	132,139	—
1887	7,556	175,870	—
1888	7,781	170,084	—
1889	8,012	—	—
1890	8,327	—	—
1891	6,594	140,491	123,375
1892	7,051	149,332	125,582
1893	8,403	179,401	138,448
1894	11,058	296,026	154,729

出典：官報掲載記事および『馬車鉄道累年表』(1889年)，東京馬車鉄道『第二十六回事業報告書』(1895年)

延長すら計画するようになった。

だが、その内実はけっして健全なものではなかったらしい。一八九一年には社長の谷元道之《たにもとみちゆき》が不正に二万五〇〇〇円もの約束手形を振り出していたことが明らかになり、経営危機に陥ったのである。[20] これを契機に経営陣の大幅な交代が行われ、牟田口元学《むたぐちげんがく》が社長に就任するとともに、若尾逸平《わかおいっぺい》ら甲州財閥系の人々が経営に参画するようになった。

おりしも前年に発生した恐慌の影響でこの年の利用客は大幅に減少していたが、新経営陣は不正手形事件の後始末をつけつつ、路線網を拡張するのではなく、不況下でもなお一定の利用を見込めた都心部の既存路線について「営業改良」という名で一種の経営改革を行うこととした。その要点は、次のとおりであった。

表1-2｜東京馬車鉄道における馬匹飼料費

単位：円

	馬匹飼料費	従業員給料	総支出
1894年度 下	21,572	21,587	62,446
1895年度 上	23,154	24,461	70,085

出典：東京馬車鉄道『第二十六回事業報告書』(1895年)
注1：総支出には利子および減価償却費を含まず。
注2：従業員給料は「社員」「車掌御者」などの給料を合算。

①─飼料代の節約

馬匹《ばひつ》の飼料は現代風に表現すればエネルギーコストということになるが、実は東京馬車鉄道における毎年の支出項目のうちもっとも大きな額を占めていたのはこれであった。データが入手可能な一八九四年下半期と翌年上半期における馬匹飼料費を表1─2に示すと、実に総支出の約三分の一を占めていたことが判明する。一頭あたりの一カ月の飼料代は一八九一年で一〇円程度で、米や小麦をあたえていたらしい。[21]だが一八九四年以降、北海道産のトウモロコシを導入し、さらに麦のふすま(表皮部分)を相場を見はからいながら購入することにつとめた結果、一八九五年には一日二三銭五厘(三〇日で約七円)にまで圧縮できた。[22]しかしそれでも人件費に匹敵したのであるから会社にとって大きな負担であったことは間違いない。このことは、のちに電気動力への切り替えを志向する前提となった。

②─馬匹の使用年限の延長

餌代を削る一方、馬匹の健康管理に留意して長持ちさせることも必

表1-3｜東京馬車鉄道の馬匹数

単位：頭

年度	期末馬匹数
1888	444
1889	—
1890	—
1891	461
1892	447
1893	460
1894	533

出典：『馬車鉄道累年表』(1889年)および東京馬車鉄道『第二十六回事業報告書』(1895年)

要であった。一八九一年の新聞記事によればその平均使用期間は四年四カ月であったという。使用を終えた馬は途中で死亡したものを除けば売却し、かわりに新馬を買い入れていた。東京馬車鉄道の馬匹数は表1―3に示すとおりであるが、四三〇〜四四〇頭を維持するためにはおよそ一年に一〇〇頭のペースで入れ替えていけば頭数を維持できる計算になる。東京馬車鉄道は、平均使用期間を五年に延ばすことを計画した[23]。全体の頭数が不変であれば一年間の買い入れ頭数は減少する計算となるが、実際には一年間の買い入れ頭数を維持したままで全体の頭数を増加させた。一八九六年上半期のデータによれば同期末(六月)の馬匹数は五九八頭で、この半年間に買い入れた馬匹は一二〇頭、売却が四九頭、死亡が六頭とあり、半年で五五頭を入れ替えたうえに六五頭もの馬匹増強を行ったことがわかる[24]。

もっとも、経済性を優先させることは馬たちを「生かさず殺さず」の状態で利用することにつながったようである。

一八九九年の新聞記事では「東京馬車鉄道会社の使用せる馬匹は衰弱して其《その》用を為さゞるもの多しとは世人《せじん》の予《かね》て知る所」との批判があがっていた。[25]

③―馬車の速度向上

スピードアップによる運転本数の増加が乗客の利便性を増すのはもちろんであるが、それは設備回転率の上昇を意味するのであるから経営上も大きな意味をもつ。東京馬車鉄道では一八九一年ころから馬車の速度を上げ、それまで一日一台あたり多くても七回(新橋―浅草―上野―新橋の往復)程度の運行であったのを一日八回にまで上昇させた。[26] 同じ頻度で運転するのであれば車掌・馭者・馬車・馬匹の数を減らすことが可能であり、速度向上によって新たな乗客を招くことができれば運賃収入の増加につながったであろう。あらためて表1―1をみると、一八九〇年代を通じて同社の乗客数も運賃収入も増加傾向にあったことがわかる。

④―単線区間への対処

東京馬車鉄道は「経済の許す限りは往復線路を増設」し、「従来の単線箇所の如く待ち合せの不都合を廃する」ことを目指した。[27] 精密なダイヤが組まれていたわけではない馬車鉄道にとって、単線区間における対向車の待ち合わせは速度向上の障害であった。

最大の問題は、上野—浅草間に残されていた単線であった。会社はこの区間の複線化をたびたび出願していたが、なかなか許可がおりず、一八九四年に電鈴(電気で作動するベル)を設置し、この区間における閉塞《へいそく》運転(許可を得た車輌以外の通行を不可能とする運転方式)を開始した[28]。ただ、単線区間の手前で対向車を退避しなければならない事情は変わらなかったし、信号の見落としや采配《さいはい》のミスによって馬車同士が単線上で鉢合わせになってしまうこともあり、その場合は乗客を乗せ替え馬もつなぎなおしていたという[29]。

この区間について別ルートを利用した事実上の複線化許可がおりたのは一八九六年のことで、翌年開業した[30](図1—4参照)。

⑤—馬車の軽量化と国産化

東京馬車鉄道では開業以来イギリスおよびアメリカ製の馬車を輸入していたが、高価であるのはもちろんのこと、重量もかさんでいた。一般に重量の重い車輌を安定して走らせるには強固な地盤に太い(重い)軌条をしっかりと固定しなければならない。東京馬車鉄道の軌道は馬車の重量に十分耐えることができず、軌道修繕費の増加に結びついたのであろう、会社は自社の馬車について「我国の軌道に適せず」と述べていた。

一八九五年、同社は輸入馬車を解体し、「其内部の組織を見て日本製と比較し其長短を補ひて」改造を行い、一〇〇〇斤(約六〇〇キログラム)ほどの軽量化に成功した。引き続きほかの馬車も改造に着手するとともに、同一構造による国産化にも取り組んだ。新聞記事によれば、輸入車輛は一台一六〇〇円であったが、国産化によって製造費を六〇〇円にまで圧縮することが期待されていた[31]。ただ、一八九五年のデータでは在籍車輛九二両のうち一七両が同社によって「改造」されたとあるのみで、少なくともこの時点では新規に製造した車輛は存在しなかったようである[32]。

こうしてみると、①から⑤まですべての取り組みが「営業改良」という一つの目的に向かって関連づけられていたことが理解できる。ここに掲げた一つ一つの要素は、それぞれ技術と呼びうる性質を備えているのであるが、同時にそれらが一つの目的合理的な体系を形づくっている点にも注意を払っておきたい。こうした体系もまた「技術」と呼べるのではないだろうか。

動力変更への取り組み

東京馬車鉄道が「営業改良」に取り組んだ一八九〇年代は、日清戦争をはさんで日本の資本主義化が進んだ時代でもあった。利用客数は増加し、一八九五年には一時間あたり四〇台程度であった運行頻度は、[33]一八九七年に「七十台内外」にまで増加していた。[34]一分に一台以上の頻度であるから、現在の我々からみても目をみはる光景である。この間の一八九六年には、馬車の滞留を防ぐため、任意の場所での客扱いを取りやめ、「辻々の角」つまり道路の交差点以外では停車しないこととした。[35]馬車鉄道の輸送力は限界に達しつつあり、これを克服するには、さらに速力を増し、可能であれば連結運転を行うほかはなかった。つまり電車への転換である。

実は、東京馬車鉄道では経営陣が交代して間もない一八九二年頃から、電気動力への変更を計画していた。[36]明治期の電気事業に大きな功績を残した藤岡市助《ふじおかいちすけ》を設計主任(顧問技師)に迎え、翌一八九三年には動力変更を出願したのである。東京馬車鉄道が馬匹の維持費低下に注力していたことはすでに述べたが、一方で同社は電車の導入を検討しはじめており、実現すればその経費は三分の一にまで圧縮できると見込んでいた。[37]

別の問題もあった。「現今の如く多数の車輌を運転すれは馬匹の数も従て増加し其結果道路を損し砂塵《さじん》を捲《ま》き屎尿《しにょう》を散すること益々多く道路修築公衆衛生とは全く反比例を以て進むの止を得さるに至り候」[38]と会社が訴えたように、蹄鉄《ていてつ》による道路破壊や馬尿による不衛生が都市環境を悪化させるという問題が発生していたのである。この訴えが一八九七年に行われた動力を電気に変更するための出願の一環であった点は差し引かねばならないが、一時間に二頭立て馬車が七〇台通過すれば、馬は一四〇頭である。朝から晩まで同じ頻度で走った訳ではないにせよ、同社が負担することになっていた道路修繕費はいきおいかさんだであろうし、馬匹の排泄《はいせつ》量も相当なものであったと想像される。

だが、東京馬車鉄道による動力変更計画は必ずしもスムーズに進まなかった。監督官庁であった内務省は東京市内に私設会社が電気鉄道を建設するのを快く思っておらず、あくまで「市の公共事業」として市営とすべきであると主張していた[39]。こうした方針の背後には複雑な政治的利害が絡んでいたが、東京馬車鉄道では動力変更について研究を重ね、当局と粘り強い交渉を続けた。一八九九年には、軌道に石またはアスファルトを敷くように求めた東京府に対して、馬力のままでそんなことをしては蹄鉄を傷めるため到底実施できないと反駁《はんばく》し、実現のためには早く電化を許可するよう促している[40]。こうして同年には電車への切り替えが一応許可され、翌一九〇〇年同社は東京電車鉄道と改称した。なお、同名の会社がこれより少し早く設立されており、区別のために以後この会社は東京電車鉄道Ⅱと表記する(東京電車鉄道Ⅰについては第2章でふれる)。

1　中村尚史『日本鉄道業の形成―一八六九～一八九四』(日本経済評論社、一九九八年)
2　小木新造『東京庶民生活史研究』(日本放送出版協会、一九七九年)
3　藤森照信『日本近代思想大系19　都市　建築』(岩波書店、一九九〇年)

4　五代龍作『五代友厚伝』(一九三六年)
5　湯沢威『鉄道の誕生―イギリスから世界へ』(創元社、二〇一四年)
6　斉藤俊彦『人力車』(産業技術センター、一九七九年)
7　鈴木淳『日本の近代15　新技術の社会誌』(中央公論新社、一九九九年)
8　東京都公文書館編『都史紀要33　東京馬車鉄道』(白石弘之執筆、一九八九年)
9　前注8
10　「東京府下馬車鉄路布設ニ付命令書条項増加及修正・二条」『公文類聚・第六編・明治十五年・第五十五巻・運輸四・橋道鉄道附』(国立公文書館所蔵)
11　前注8
12　『官報』一八六八号、一八八九年九月十八日
13　『官報』一三七九号、一八八八年二月七日
14　橋本毅彦・栗山茂久編著『遅刻の誕生―近代日本における時間意識の形成』(三元社、二〇〇一年)
15　石橋湛山『人間の記録47　湛山回想』(日本図書センター、一九九七年〈原著は一九五一年〉)
16　生方敏郎『明治大正見聞史』(中央公論社、一九七八年〈原著は一九二六年〉)
17　前注16
18　石川栄司編『交通機関』(育成会、一九〇二年)
19　前注8
20　「馬車鉄道会社委員選挙の仔細」(『東京朝日新聞』一八九一年五月二十八日朝刊)
21　「東京馬車鉄道会社営業改良の方針」(『読売新聞』一八九一年七月二十二日朝刊)
22　「電車鉄道と東京馬車鉄道会社」(『読売新聞』一八九五年五月三日朝刊)
23　前注21
24　東京馬車鉄道『第二十六回事業報告書』(一八九五年)

25 「鉄道馬車の馬匹」(『東京朝日新聞』一八九九年十月三十一日朝刊)
26 前注21
27 前注21
28 「馬車鉄道の電鈴架設」(『読売新聞』一八九四年八月十七日朝刊)
29 前注8
30 「東京馬車鉄道会社の上野浅草間複線」(『読売新聞』一八九六年五月二十九日朝刊)
31 「馬車鉄道の車輛改良」(『読売新聞』一八九六年三月五日朝刊)
32 前注24
33 「東京馬車鉄道会社の増資」(『読売新聞』一八九五年十二月十九日朝刊)
34 「電車鉄道変更に関する追願書」『都史資料集成第3巻　東京市街鉄道』(東京都公文書館、二〇〇一年)二四二頁
35 「馬車鉄道の運転増加」(『東京朝日新聞』一八九六年八月三十日朝刊)
36 「東京馬車鉄道の電気鉄道」(『読売新聞』一八九三年十月十五日別刷)
37 前注22
38 前注34
39 「東京市の電気鉄道」(『読売新聞』一八九六年六月十四日朝刊)
40 「原動力変更に関する復願書」『都史資料集成第3巻　東京市街鉄道』(東京都公文書館、二〇〇一年)二六三頁

第2章

市街電車の登場

1 政治的駆け引きとしての技術論争

動力方式をめぐる曲折

第1章では東京馬車鉄道が電車運転を計画したことにふれたが、電車運転の計画はほかにもあり、一八八八(明治二十一)年よりあいついで出願が行われていた。もっともこの時点では実物の電車はまだ日本に存在しておらず、一八九〇年に上野で開催された第三回内国勧業博覧会でのデモンストレーション運転が、この新しい乗物が人びとの前に姿をあらわした最初であった。帝国大学(現、東京大学)の教官から東京電燈の技師長に転身した藤岡市助《ふじおかいちすけ》の主導で上野公園に約四〇〇メートルの線路が敷設され、展示運転が行われたのである(図2―1)。

このときに使用された車輛はスプレーグ式と呼ばれ、アメリカ人の電気技術者F・J・スプレーグがリッチモンドの電気鉄道用に設計した支線用小型車に準じたものであった。藤岡が外遊時に現物をもち帰ったとも、改めて発注したともいわれている。輸入された電車には電動機が装備されておらず、国産の電動機が作成され取りつけられた。博覧会終了後は大師電気鉄道

図2-1｜上野公園における電車の展示運行
（出典：『藤岡博士 電気鉄道論集』工業雑誌社，1899年。国立国会図書館蔵）

（現、京急電鉄）が開業直後の一時期に使用し、その後東京市街鉄道（四六頁図2―3参照）に譲渡され、東京市、東京都に引き継がれたものの、第二次世界大戦中に戦災で消失した。

東京で電車が営業運転を開始したのは一九〇三年のことで、上野でのデモンストレーションから一〇年以上が経過していた。長期間の空白を生じた理由としては、一種の独占事業ともいえる電車事業の特許を誰にあたえるかについて政治的な対立が生じていたことや、事業を監督する立場にあった内務省・東京府・東京市が確たる方針を欠いていたことがあげられるが、それが同時に動力方式をめぐる対立をともなっていたことはこれまであまり指摘されていない。そもそも電気動力を採用することは必ずしも既定路線ではなかったし、電気を用いるにしても複数の方式が候補とされ、決定にいたるまでには諸主体間の駆け引きがあった。本章では、こうした電車開業前の動力方式をめぐる曲折について述べる。

東京馬車鉄道の電化計画と単線架空式

鉄道の電化方式にはさまざまなものがあるが、東京電燈が上野で運転した電車は給電のために空中に電車線を吊る方式を採用した。これを架空電車線方式といい、さらに単線架空式と複線架空式に分類される。単線架空式は空中に吊るした一本の電車線(架線)に電圧をかけ、もう一方の電線(帰線)にはレールを用いる方式であり、現在もっとも普及している方式である。複線架空式は帰線にも架線を用いる方式で、現在の鉄軌道ではほとんどみられないが、構造上金属製のレールが使えないトロリーバスなどに用いられている。

一八九三年に東京馬車鉄道が内務省に対して電化を申請した際には、直流五〇〇ボルトで単線架空式を採用することとしていた。だが、当時は単線架空式に対し大きく分けて二つの問題が指摘されていた。一つは電信・電話線に対して電磁波誘導障害を引き起こすこと、もう一つは地中への漏電《ろうでん》によって水道鉄管などを腐蝕《ふしょく》させることである。第一の問題については同社も申請書のなかで率直に認めており、監督官庁の方針次第では複線架空式を受け入れることとしていた。ただし、これは電話線のほうを複線式にすれば解決することができ、アメリカやイギリスではそれが一般的であると主張することも忘れなかった。

すでに述べたように、この計画は東京市と東京府によって足かけ七年にわたり阻まれた。主たる理由が政治的な対立にあったのは事実としても、実はそうした党派的な争いがむき出しのまま展開することはあまりなかった。対立は、少なくとも一定程度は動力化の方式をめぐる技術的な問題として展開されたのである。

政府や東京府、東京市は当初、必ずしも技術的な事柄を問題にしていたわけではなかったようである。東京府は一八九四年、東京馬車鉄道の電化計画に対して反対意見を述べた際に、単線架空式と複線架空式の区別をしないまま「電話及電信線等ニ関係ヲ及スコト少ナカラサル」と一般論を掲げるにとどまり、むしろ電化にともなう電柱建立によって道路幅が狭められることや、市区改正（一九世紀末から二〇世紀初頭の東京で行われた市街地改造）が進捗していないうちから許可するのは時期尚早であるという点を強調した。東京市の行政を統括した参事会も東京府のこの意見に賛成し、さらに電話・電信線を所管する逓信省や道路を管轄する警視庁も基本的に同様の立場であった。この結果、東京馬車鉄道はその後も繰り返し電化を出願（追願）したにもかかわらず、許可を得ることはできなかった[1]。

電気方式について敏感だったのは、出願者のほうであった。東京馬車鉄道と同時期に出願し

図2-2｜藤岡市助
（岩国学校教育資料館蔵）

た同社の別働隊ともいうべき東京電気鉄道Ⅰ（後述する同名の別会社との区別のため番号を付す）は、一八九三年に東京府から問い合わせを受けた際に、単線架空式が不都合であれば複線架空式でも構わないし、電柱を建立する必要のない蓄電池式も視野に入れると答えたとされる。[2]関係者らは、自分たちのほかに多くの競願者がいることや、その背後に政治的な対立があったことを認識していたであろう。しかし、そうであるがゆえに、あえて争点を技術的な事柄に落とし込んだとみるべきである。

少し時期が下った一八九五年、逓信《ていしん》省技師の浅野応輔《あさのおうすけ》と工科大学（現、東京大学）助教授山川《やまかわ》義太郎《ぎたろう》は東京市区改正委員会の電気鉄道調査会会長にあてて、単線架空式が地中の金属管を腐蝕させることを指摘した。[3]この時期の東京市区改正委員会は架空電車線方式ではなく車輛にバッテリーを搭載する蓄電池式を推していたとされる。[4]

このように単線架空式に疑念がよせられるなかにあっても、東京馬車鉄道の技術顧問であった藤岡市助(図2―2)はこの方式に自信をもっていたようである。一八九七年の追願に際して同社は、単線架空式が地中の金属管を腐蝕させるという指摘があることにふれ、「学理及実験」によってこれを防止することが可能であると主張していた。地中への漏電はおもにレール同士の電気的結節が不完全である場合に発生するのであるが、藤岡の作成した設計書によれば、これを防ぐためレールの継ぎ目にレールボンド(導電性のよい補助線)を使用し、さらにレールに沿って補助帰線を設置することとしていた[5]。

だが会社自体は、単線架空式に固執する藤岡と異なり、色々な代替案をも検討していた。先にふれた蓄電池式のほか、レールの間に溝をつくり電線を埋設する地中線式、車輌に圧搾《あっさく》空気のタンクを搭載する空気式といった方式について、長所・短所の比較を行っていたのである。一八九八年には藤岡を欧米視察に派遣して各都市でさまざまな方式の交通機関を実見させたほか、外務省の協力を得てニューヨークおよびワシントンの在外公館から圧搾空気を用いた空気鉄道に関するレポートを取り寄せるなど、積極的な情報収集にも努めていた[6]。とりわけ有力視されたのは、空気式であった。タンクへ充填《じゅうてん》するのに要する時間は二分程度と簡便なうえ電気鉄道に比べても経費を節約できるとの触れ込みで[7]、在ニューヨーク公使を務めていた内田定槌《うちださだつち》からも「之を採用することに関し研究するの価値ある」との報告がよせられたほどであった[8]。また、一八九九年には浅草出張所構内でセルポレー式蒸気動車の走行試験も行った。セルポレー式蒸気機関とは一八八七年にフランス人のレオン・セルポレーが発明した小型機関で、燃料にコークスを用いるため煤煙《ばいえん》などの害が少なく、[9] 運転に要する経費も電気鉄道一・三、空気鉄道一・四に対し一・〇ですむとされていた。[10] この試験には東京市役所も関係しており、内務大臣や東京府知事までも招待され、好結果をおさめたという。

藤岡にしてみれば、こうした動きは彼の立場を脅かすものに映ったであろう。空気式や蒸気式は、彼の前職場であった工部大学校・帝国大学における分類でいえば機械工学科の領分に属するもので、電気工学科の教官を務めていた藤岡にとっては専門外ということになる。教官を辞して東京電燈（東京電力の前身）や東京電気（東芝の前身の一つ）といった企業の経営に携わり電気事業の拡大を期していた彼にとってみれば、市街鉄道の動力は電気でなければならなかったはずである。ただ、同じ電気工学を専門とする者であっても、先述した浅野応輔や山川義太郎のように単線架空式に否定的な立場をとる者もいた。浅野と藤岡はともに一八八一年に工部大学校電信科を卒業しており、やや年長の山川は両者の在学中に教官を務めていた。近しい関係の三者間にも意見の相違があったことがうかがえる。

ただし、このような検討を踏まえてなお、東京馬車鉄道は単線架空式の方針を捨てなかった。一八九九年、社長の牟田口元学《むたぐちげんがく》は新聞紙上で、ほかの方式の優秀さを一定程度認めたうえで「敢て全市を通じて一定の方式となさゞるべからざるの要なきなり」[11] としつつも、「我社に於ては多年電気鉄道に就て計画する所ある」[12]と自社に一日の長があることを宣言した。さらに単線架空式については、「僅に延長十五哩《マイル》の線路に対して殆《ほと》んど五百万円の巨額を投ぜざるべからず」として必ずしも経済的に有利ではないことを強調し、それにもかかわらず同社がこれを望むのは「其線路市内枢要の区域を貫通しあるが故に市に対する義務として又帝都の面目を進むるが為として奮発一番敢て之を断行せんと欲する」[13]ゆえであるとして、自社の利益のためでないことを強調していた。

2　政治的決着としての技術選択

ほかの有力グループの動力構想

当時の東京市政を牛耳っていた政治家である星亨《ほしとおる》によれば、東京に市街鉄道を敷設する計画は大小あわせて七八にのぼったとされる。しかしこれらはのちに合同や淘汰《とうた》によって集約され、結果的に実現を果たしたのはすでに営業路線をもっていた東京馬車鉄道（のちの東京電車鉄道

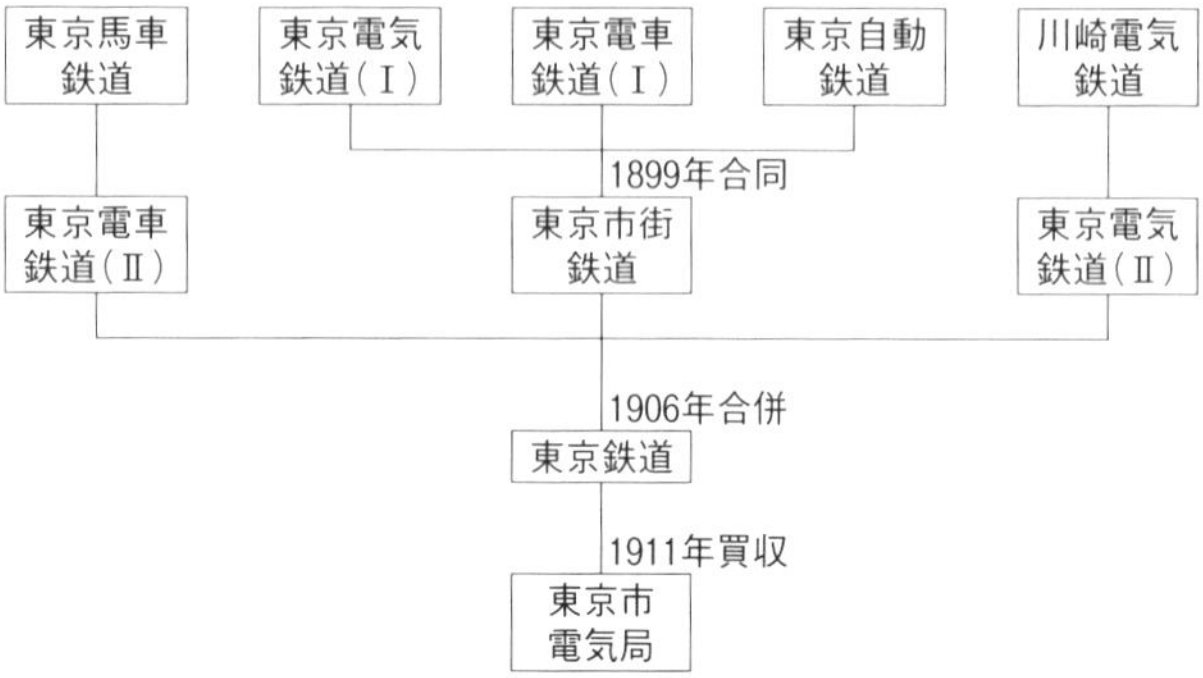

図2-3｜東京市内市街電車の経営主体変遷

Ⅱ）のほかには、図2―3の上段に示す四つのグループであった。これらはどのような動力方式を考えていたのであろうか。

一つは雨宮敬次郎《あめのみやけいじろう》や立川勇次郎《たちかわゆうじろう》など甲州財閥系の財界人と東京馬車鉄道が協働して計画した東京電気鉄道Ⅰである。[14] 同社発起人には藤岡市助も名を連ね、電気方式には単線架空式を第一候補にあげたうえで、地下金属物を腐蝕させる云々といった批判についてアメリカでは問題になっていないと述べて反対勢力を牽制《けんせい》した。[15] ただ一方で不都合があれば複線架空式や蓄電池式も排除しないとも述べ、[16] 本体というべき東京馬車鉄道に比べてやや柔軟な態度をとっていた。たとえ電気方式で妥協をしても路線敷設特許の取得を優先したかったのであろう。だが、東京市参事会は市区改正が進捗《しんちょく》していない状況では時期尚早であるとして冷淡な反応を示し、東京市長＝東京府知事も内務省に対して特許をあたえないよう副申した。

第二は福沢捨次郎《ふくざわすてじろう》や藤山雷太《ふじやまらいた》といった慶應義塾や三井の関係者が主となって一八九五(明治二十八)年に出願した東京電車鉄道Ⅰ(第1章の末尾でふれた東京電車鉄道Ⅱとは別)である。当初より複線架空式を計画しており、[17]申請書のなかで同年に日本初の営業用電気鉄道として開業した京都電気鉄道が単線架空式を採用したことにふれて「電話ノ通信ニ障害ヲ与へ水道鉄管ノ一部ニ腐蝕ヲ来シタル跡」がみられるとの批判を交えながら、みずからの技術的優位性を強調した。[18]同社は複線架空式を推したが、[19]東京市と東京府が不許可の方針を貫くなか、[20]一八九七年には業を煮やして「蓄電池式ナリ地下線式ナリ乃至架空式ナリ何レノ方法ニテモ一ニ政府ノ御命令ニ従」うからとにかく路線の許可をしてほしいと追願している。[21]

第三は、星亨の影響下で袴田喜四郎《はかまだきしろう》や利光鶴松《としみつつるまつ》らが出願した東京自動鉄道である。このグループは一八九六年に二馬力ないし三馬力の石油発動車による運転を計画し、[22]電車と異なり電信・電話線や水道管・ガス管への影響もないとしてその技術的優位性を主張した。[23]ただ、出願からまもなく計画を空気式に変更した。これは藤田重道《ふじたしげみち》(工部大学校卒、日本機械学会の創設者の一人)が推していたとされる。[24]この計画に対しても、東京府・市は市区改正事業が進んでいないことや先願者がいることを理由に、ひとまず決定を留保することとした。[25]

これらの三派は一八九九年に合同して「東京市街鉄道」という一つの計画となった。この計画では単線架空式で補助帰線とレールボンドにより漏電に備えるという藤岡市助の推した方式を目指すことが踏襲されたものの、必要に応じて圧搾空気や蓄電池なども用いるとしており、技術的要素にも妥協の跡が垣間《かいま》みえるものであった。[26]

いま一つ述べておきたいのが実業家の岡田治衛武《おかだじえむ》らによる川崎電気鉄道である。これは市ヶ谷から渋谷広尾を経て川崎・大森にいたる路線を計画したが、一八九六年の出願時には複線架空式を選択していた。[27] 翌一八九七年に渋谷広尾(東京市と市外の境界)から東京府荏原郡大森および神奈川県の川崎にいたる区間のみ特許を取得したが、このときには単線架空式が認められたらしい。[28] つまり、東京市の外であれば単線架空式であっても問題がないとされたのである。

一方、市内区間の計画については例によって東京市参事会によって阻まれ停滞したものの、[29] 一八九九年一月十三日付で特許を受けた。ただし動力は蓄電池式に改めさせられた。その理由はおそらく、次に述べる内務省からの通達にあった。

内務省・東京府・東京帝国大学

一八九八年、軌道事業の監督官庁であった内務省は、東京市において「架空式電気鉄道」「馬車鉄道」「人車鉄道」「石油、汽鑵《きかん》等火災ノ因タルノ虞《おそれ》アルモノ及其他有害又ハ不快ノ瓦斯《ガス》ヲ漏ラスヘキ原動力ハ一切之ヲ許可セサルヘシ」という内容の達を発した。これを忠実に守ると、当時実現可能性のあった選択肢のなかでは、蓄電池式か空気式しか残らない。前述の計画の出願者たちはこの通達にずいぶん振り回されたようである。福沢・藤山ら東京電車鉄道Ⅰの発起人たちは、急遽《きゅうきょ》蓄電池式による計画に切り替えた。このときの工事設計明細書によれば、数カ所に蓄電所を配置して発電所から高圧交流で送電を行い、ここで直流に変換して充電を行うという構想であった。蓄電池は着脱式として車体の床下に装架し、蓄電所で随時交換を行うことによって車輛を効率的に運用する計画であった。[30] また、川崎電気鉄道は複線架空式で申請中の市内区間を蓄電池式に改めさせられた。[31] 内務省がこのような通達を突然行った背景は不明であるが、結果的にこの方針はのちに撤回された。

　このころ、東京市会では市がみずから電気鉄道を運営すべきという電車市営論が台頭していた。こうしたなか、東京府は嘱託技師に命じて動力方式に関する詳細な情報を収集した。電気技師であった三根《みね》正亮《しょうすけ》が一八九八年に提出した復命書は、当時存在したさまざまな電化方式について、コストも含めた詳細な説明と比較を行っている。結論としては単線架空式を支持し、複線架空式は軌道の交差部や分岐部での処理が複雑であること、蓄電池式は重量やコストがかさむことを指摘してこれを退けた。ただ、一方で単線架空式は「理論上絶対的ニ鉄軌ヨリ大地ニ漏洩《ろうえい》スル電流ヲ防止スルコト能《あた》ハサルカ故ニ地下金属体ヲシテ毫《ごう》モ電気腐蝕ニ罹《かか》ルコトナシトハ小生ニ於テ断言スルコト能ハス」と述べることも忘れなかった。[32]

府はこれとほぼ同時に、高井助太郎《たかいすけたろう》に命じて圧搾空気鉄道の調査も行った。高井はフランスやアメリカで空気鉄道が実用化され問題なく運行されている実態を紹介したが、そのなかで「圧搾空気車ナルモノハ……困難ニ遭遇スルコトナカルヘシト憶測スルハ決シテ当レリト云フヘカラス……従来得ラレタル丈ノ結果ハ本原動機カ営業上ニ於テモ尚電気ニ対シ優ニ有力ナル競争者タリ得ルコトヲ示スニ過キス」[33]との一文を付し、同方式がまだ試験段階にすぎなかったことをも示した。

この一八九八年九月まで東京府知事は東京市長を兼ねていた。この時期の府知事＝市長は動力に関してかなり詳細な技術情報を入手していた。一方、東京市会では技術面に関する方針を定めることができなかったようである。特許出願に先立つ一八九八年十一月の議論においては、先述の内務省の方針を意識したと思われる「目下ノ急ハ敷設権ヲ獲得スルニ止マルヲ以テ兎《と》ニ角方式ハ空気圧搾鉄道ト為シ置クヘシ」という意見をひとまずとおしており、[34]実質的には動力方式の議論を後回しにしていた。

一方、東京帝国大学では、一八九九年九月に総長菊池大麓《きくちだいろく》名で東京府宛に申し入れを行い「磁力変動ノ極メテ小ナルカ如キ方法」をとることを要求した。[35]電車運転にともなう磁力変動が精微電流系を狂わせ、電気・磁気に関係する分野の研究に影響をおよぼすというのがその理由であった。同様の内容は文部大臣を通じて内務・逓信両省へも移牒《いちょう》されている。同年十月十八日、同大学は開業して一年に満たない京浜電気鉄道（現、京急電鉄）の施設を利用して実地調査を行った。沿線の民家に磁力計を据えつけ、電車の通過による影響を測定したのである。この実験に基づき、理科大学物理学教室（ただし当時はまだ計画中）から一〇〇〇メートル以内に饋電線《きでん》（電気を送る線であるが、直下に線路を敷設するのであるから実質的には軌道を指す）を設置してはならないが、複線式で往復線間の距離を一メートル以内（つまり複線架空式）とするならばこの制限を半径五〇〇メートルとしても問題ないとした。[36] 藤岡の古巣は、単線架空式を否定したのである。

政治的決着と複線架空式への収斂《しゅうれん》

ここまで述べてきた動力方式をめぐる問題は、最終的に一九〇〇年四月十七日の閣議で決着した。正確にいえば、ここで決定したのは経営形態を東京市営ではなく民営とすることであったが、議案を構成する関係書類に含まれていた内務省の調書が複線架空式を最適と明言していたのである。そこでは、単線架空式の優位性や諸外国での採用実績を認めつつも、地中埋設物への影響の可能性を排除できないということがはっきりと述べられていた。[37] さらに、同年六月四日の閣議で決定された東京市街鉄道への特許条件においても、議案を構成する「命令書案」中に複線架空式とすることが明記され、さらに先に述べた東京帝国大学の掲げた条件が追加された。[38] 同大学が大きな影響をおよぼした痕跡《こんせき》がうかがえよう。

これらによって、動力方式をめぐる問題にひとまずの決着がついた。これより少し前から東京馬車鉄道に対しては複線架空式ならば電化を認める内示があったようで、[39] 同社は一八九九年十一月二十八日付で同方式に計画を修正する出願を行っている。さらに同社は品川馬車鉄道から譲り受けた高輪―芝間の路線についても一九〇〇年五月三日付で改軌および電化を申請し、[40] 同年十月二日付で原動力変更特許を取得、翌月には東京電車鉄道Ⅱと社名を変更した。

三派合同で成立した東京市街鉄道も単線架空式を掲げていたが、一八九九年十二月二十六日付で複線架空式へと計画を変更し、[41] 一九〇〇年六月九日付で特許を取得した。

川崎電気鉄道は一八九九年に蓄電池式で市内線の特許を得たが、その直後の同年二月、市外の区間と方式をそろえるために単線架空式への変更を出願した。[42] もっともこれは認められず、十一月二十四日付で市内および郡部の全区間を複線架空式に改める追願を行っている。[43]

以上みたように、東京馬車鉄道・東京市街鉄道・川崎電気鉄道は、ともに一八九九年末に揃って複線架空式に方針を改めた。東京馬車鉄道に対しては内務省からの働きかけがあったことがわかっているが、ほかの二社に関しても同様であったとみるのが自然であろう。各社とも、「特許命令書」に複線架空式・直流五〇〇ボルトとすることが明記されていた。

一九〇三年八月十五日、東京馬車鉄道改め東京電車鉄道Ⅱは高輪―芝間の路線で電車五台を用いて試運転を行った。[44] 同社は一週間後の二十二日から電車営業を開始し、九月には東京市街鉄道も開業した。川崎電気鉄道は東京電気鉄道Ⅱと改め一九〇一年以降さらなる市内路線の特許取得を進めていたが、一九〇三年十二月に最初の区間を開業した。同社は「外濠《そとぼり》線」と称して市内の環状線を形成し、市内と郡部を結ぶという当初の構想からは離れていった。

こうして、東京における市街電車の動力方式はひとまず複線架空式に落ち着いた。だが、これらの架空線は、経営が市営に移ったのちの一九二〇年代から三〇年代にかけて、順次単線式に改められていった。主たる理由はこの時期経営難に陥っていた市電のコスト削減であったが、技術的な問題も関係していた。複線架空式では車輌の集電装置として先端に滑車をつけたトロリーポールを用いるのであるが(図2―4)、とくに高速運転時の追従性が悪く離線しやすいという欠点があった。ポールを二本から一本に減らせば離線による運転障害の可能性を低減できる。また、ポール先端の滑車を廃して一定の横幅をもった摺板《すりいた》(スライダー)に置き換えれば、離線の可能性をさらに減らせるし、離線した場合にも自動で復元することが可能となる。これを実現したのがビューゲル(図2―5)やパンタグラフなどの装置であったが、それらを導入す

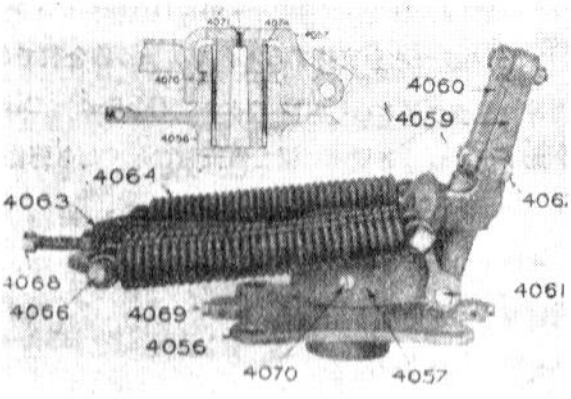

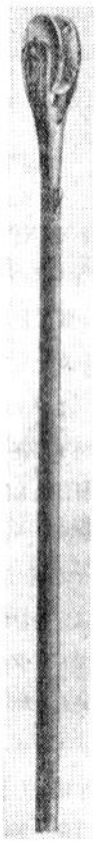

図2-4｜トロリーポール(右)とトロリースタンド(上)
ポールには滑車が，スタンドには首振り機構が備わっており，架線に追従する。
(出典：井上昱太郎『電気鉄道』1914年。国立国会図書館蔵)

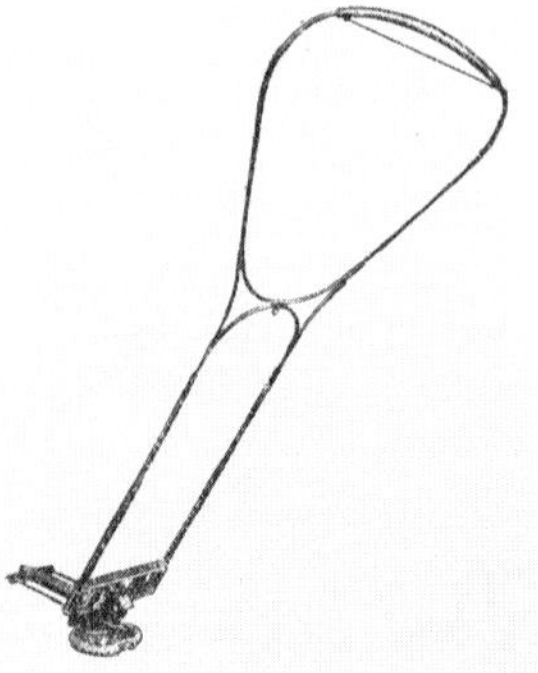

図2-5｜ビューゲル
(出典：井上昱太郎『電気鉄道』1914年。国立国会図書館蔵)

る場合は架線を単線架空式に改めるのが一般的であったのである。

1 「動力変更願」(一八九三年十一月)『都史資料集成 第3巻 東京市街鉄道』(東京都公文書館、二〇〇一年。以下、『市街鉄道』と略す)二二一頁

2 「電気鉄道敷設方式に関する追願書」(一八九五年六月二十四日)『市街鉄道』二七頁

3 「東京瓦斯会社の陳情書」(一八九九年十月二日)『市街鉄道』三七一頁

4 「閣議、民設に決定する」(一九〇〇年四月十七日)『市街鉄道』四四二頁

5 「電車鉄道変更に関する追願書」(一八九七年九月十八日)『市街鉄道』二四二頁

6 「原動力変更に関する複願書」(一八九八年十二月二十八日)『市街鉄道』二六三頁

7 「試験的空気鉄道の請願」(『読売新聞』一八九八年六月九日朝刊)

8 前注7

9 青木栄一「交通・運輸技術の自立―一九一〇～一九二二(明治

四十三〜大正十）年＝鉄道」『交通・運輸の発達と技術革新：歴史的考察』（国際連合大学、一九八六年）第4章
10 「市街鉄道とセルポレー式」（『読売新聞』一八九九年七月二十四日朝刊）
11 牟田口元学「市内交通機関の方式談」（『読売新聞』一八九九年十月十五日朝刊）
12 「セルポレー式と東京馬車鉄道会社」（『読売新聞』一八九九年八月九日朝刊）
13 前注11
14 「電気鉄道敷設に関する警視庁の見解（一八九四年一月十九日）『市街鉄道』一三頁
15 「電気鉄道を敷設する街路制限を、単軌道は四間、複軌道は六間以上に緩和して許可してほしいという請願書を提出」（一八九五年七月二十七日）『市街鉄道』三〇頁
16 「電気鉄道敷設方式に関する追願書」（一八九五年六月二十四日）『市街鉄道』二七頁
17 「電気鉄道敷設請願書」（一八九五年六月十九日）『市街鉄道』六七頁
18 「試験的電車敷設の義につき追願」（一八九五年十一月五日）『市街鉄道』七三頁
19 『利光鶴松翁手記』（抄録）『市街鉄道』一六五頁
20 前注18
21 「何れの方式でも政府の命令に従い建設するので速やかに詮議をしてほしい旨追申」（一八九七年九月十三日）『市街鉄道』八五頁
22 「東京自動鉄道敷設特許願」（一八九六年三月二日）『市街鉄道』一〇六頁
23 「警視総監へ照会」（一八九六年四月十一日）『市街鉄道』一〇九頁
24 『利光鶴松翁手記』（抄録）『市街鉄道』一六五頁
25 「敷設特許願進達」（一八九六年八月六日）『市街鉄道』一二〇頁
26 「東京市街鉄道敷設特許請願書」（一八九九年八月十四日）『市街鉄道』一四五頁
27 「川崎電気鉄道敷設出願」（一八九六年四月二日）『市街鉄道』一七七頁
28 「郡部に属する分の特許状及び命令書下付」（一八九七年八月十六日）『市街鉄道』一九三頁

29 「市内延長線願に関係書類及び命令書案を添え内務大臣へ進達」(一八九八年七月二十八日)『市街鉄道』二一二頁
30 「内務省御達書に基づく敷設特許願」(一八九七年十一月二十五日)『市街鉄道』八六頁
31 「市内延長線につき特許状及び命令書下付」(一八九九年一月十三日)『市街鉄道』二一三頁
32 「嘱託技師三根正亮の電気鉄道に関する復命書」(一八九八年二月十八日)『市街鉄道』二八五頁
33 「嘱託技師高井助太郎の圧搾空気鉄道に関する調査書」(一八九八年六月)『市街鉄道』三〇一頁
34 「市街鉄道方式その他に関する件決議」(一八九八年十一月二十一日)『市街鉄道』三二七頁
35 「東京帝国大学総長の申し入れ」(一八九九年九月二十五日)『市街鉄道』三六九頁
36 「帝国大学附近へ電気鉄道敷設に関して文部大臣より内務・逓信両大臣へ移牒の件」(一八九九年十一月二十二日)『市街鉄道』三七八頁
37 「閣議、民設に決定する」(一九〇〇年四月十七日)『市街鉄道』四四二頁
38 「閣議、市街鉄道に関する特許条件等を定める」(一九〇〇年六月四日)『市街鉄道』四九三頁
39 「馬車鉄の動力変更」(『東京朝日新聞』一八九九年十二月二十八日朝刊)
40 「芝口高輪間動力変更願」(一九〇〇年五月三日)『市街鉄道』二八一頁
41 「架空単線式を架空複線式に設計変更願」(一八九九年十二月二十六日)『市街鉄道』一六一頁
42 「蓄電池式を架空単線式に命令書改正願」(一八九九年二月十五日)『市街鉄道』二一六頁
43 「命令書改正願につき追願」(一八九九年十一月二十四日)『市街鉄道』二一九頁
44 「品川線試運転」(『読売新聞』一九〇三年八月十六日朝刊)

第3章

大量輸送の幕開け

1 おせっかいな電車案内

電車は随意随所に停車するものにあらず

第2章で述べたとおり、東京においては幾多の曲折をへて一九〇三(明治三十六)年に市街電車が運行を開始した。馬車鉄道とのもっとも大きな違いは、電車が停留場以外での客扱いを行わなくなったことであろう。実際には馬車鉄道時代の末期にはそのようになっていたのであるが、電車運転開始の翌年に刊行された玉川謙吉《たまがわけんきち》『東京電車案内』[1]には、「電車は従来の馬車の如く随意随処《ずいいずいしょ》に停車するものにあらず……一定の停留場の設けありて、其《その》停留場以外には決して停車せざるものなり」と書かれており、一般には馬車から電車への切り替えにともなう変化とみなされていた。ただし、停留場といっても電柱にペンキ塗りを施しただけのもので、乗客専用の安全地帯などは設置されていなかった。したがって、「停留場に立ち居るのみにては、運転手、車掌に於て、其の立ち居る人が果して乗客なるや否やを知り能《あた》はざるため、其の儘《まま》通過し去ることもあるべく、若し又停立《ていりつ》者が乗客ならざるに電車を停車する時は、無益に時間を

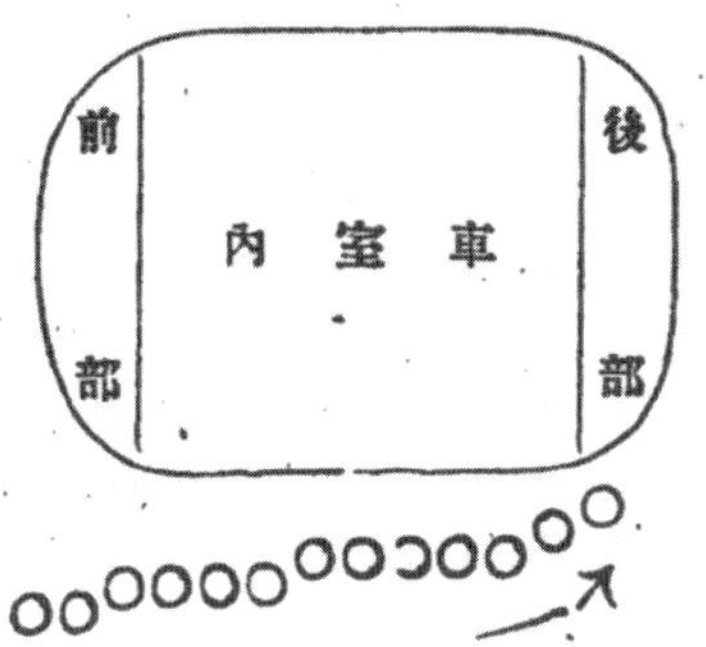

図3-1｜整列乗車を説明した図
（出典：玉川謙吉『東京電車案内』電車案内社，1904年。公益財団法人後藤・安田記念東京都市研究所市政専門図書館蔵）

費し、且既に乗込み居る客にも迷惑を懸《か》くるものなれば、乗車せんと欲するものは、乗車を求むる合図として片手を挙げて運転手又は車掌に知らしむべし……電車を見物する人又は電車に用なき人は成るべく停留場に佇立せざる様、心懸くべし」と注意をうながす必要があったのである。

電車に乗るときは、馬車鉄道時代と同様に後部の車掌台から乗ることになっていた。ただし『東京電車案内』によれば「乗降口に於ける混雑は実に甚だしきものにて、老幼婦女の如きは容易に乗車するを得ず、幾多の時間を経て辛《かろ》ふして乗車するを得るの有様」であった。さらに、「這《これ》は所謂《いわゆる》公徳心の欽亡《けつぼう》より生ずる結果にて……其の体裁の非文明なるのみならず、混雑より生ずる時間の空費、身体の危険等も決して尠少《せんしょう》ならざる」と断じ、次のように続けている。

一般乗客たるものは静かに其の体面と利害とを考

慮して、最も規律正しく静粛に乗降するの美風を養成するに勉めざるべからず。乃ち先づ下車客の下車し終るを待ち、其の間に下図〔図3―1〕の如く乗降口に面したる側に汽車の切符を買ふ時の如く待ち合せの順序に随ひて整列し、以て静かに乗車する時は些《いささか》の混雑を見る事なく、強者弱者共に容易に乗車することを得て自他の便利此上《このうえ》なかるべし

すなわち整列乗車をせよというのである。この本にはもちろん運賃や乗り換えといった利用案内も記されていたが、このように現在でいうところの交通マナーに関する記述にも多くの紙幅が割かれていた。

続けて車内についての「案内」をみていこう。乗り込んだあとは、「最初乗りたる人より順次前へ〳〵と乗り込めば更に混雑することなし……降車するには前部の運転台より降りて差《さし》支《つかえ》なければ、前方に進むも何等《なんら》面倒の事あるなし……成るべく前方へ詰め寄る習慣を作るを可とす」とある。切符を買い求める際には、「車掌は余り多くの釣銭を用意しあらざるのみならず、十銭、廿《にじっ》銭、五十銭等の銀貨又は一円紙幣等に対し、釣銭を出すは甚だ手数の事にして、多人数込《（ママ）》み合ふ車内にては間違ひ易《やす》きものなれば乗客は可成《なるべく》三銭渡し切りにて切符を買取り得る様小銭を用意すること肝腎なり」となかなか小うるさい。なお、東京市街鉄道線においては主要停留場に設置された乗車券売捌所《うりさばきじょ》でも購入することができ、これは何枚でも買いおくことができた。[2]

この本のお節介は車内にはいるとますます加速する。車掌の指示にしたがうこと、老幼婦女には席を譲ること、煙草を吸わないこと、痰唾《たんつば》を吐かないこと、肢体を窓から出さないこと、太ももをみせないこと、酔って乗らないこと、臭気あるものをもたないこと、犬を連れ込まないこと、大きな手荷物をもたないこと、「不潔の容装」をしないこと、腰をかけて足を前に出さないこと、雨天時に濡れた上着や外套《がいとう》を脱ぐこと、窓を開閉するときにはまわりの人に断わること、発車時に転ばないよう吊革につかまり用心すること、と注意や禁止を連発し、しまいには「人のいやがる病気ある人」は遠慮せよなどとまでいう。これは現在ならば許されない発言であるが、当時の価値観をはしなくもあらわしたものといえよう。

やがて目的の停留場が近づいてくる。「下車する時は必ず切符を車掌又は運転手に渡すべきものにて、電車の停まる前に各自手に持ち居りて出口にて直《す》ぐ渡し得る様にすべし、財布又は帯の間に入れ置きて、探し出すにマゴツクが如きは他の乗降に著しき妨害となる故、前以《まえもっ》て注意して取出し置くべきなり」。改札で切符や定期券をさがしてもたもたしているとどこからか舌打ちが聞こえてくるような、こんにちのラッシュアワーを想起せずにはいられない。

さて、なぜこの『東京電車案内』はこれほどまでに口やかましいのであろうか。それは著者の玉川自身が説明しており、「乗客の乗降方巧みになるに従つて車の運転回数を増加し、運搬力を大にし、乗客を速かに目的地に送達するの効も顕《あら》はるゝ」からだという。設備の増強によってではなく、利用客の行動を一定の枠組みにあてはめることで「運搬力を大に」するというのである。そうなれば乗客も目的地に早く到達することが可能となるのであるから、利用客にも都合がよいはずであり、だから「一般乗客は乗降に際して、徒《いたず》らに躊躇《ちゅうちょ》逡巡《しゅんじゅん》することなく最も敏活に動作する様勉むべきなり」と著者は主張するのである。

実は市街電車は開業時点においてすでに、遠からず輸送力不足となることが予想されていた。法令により連結運転が禁じられていたうえ、最高速度も低くおさえられたためである。東京の都市化が進むなかで電車は市民生活に欠かせないものとなっていったが、それは一方で絶えざる混雑対策の積み重ねをともなっていた。ハード面での対応に限界がある以上、乗客の所作すなわちソフト面での対応によって円滑な運行を確保することが目指されたのである。

こうして電車は近代の規範を人びとに植えつけた、といいたくなるところなのだが、実際には整列乗車の習慣は一九二〇年代にいたっても定着していなかったらしい。一九二二年に設立された都市問題の研究機関である東京市政調査会(現、公益財団法人後藤・安田記念東京都市研究所)が一九二五(大正十四)年に発行した『小市民は東京市に何を希望してゐるか』[3]という本のなかに当時の電車利用者からみたさまざまな問題が指摘されており、これを読むと整列乗車からは程遠い光景が浮かび上がってくる。ここでいう「小市民」とは中学校・商業学校・工業学校・女学校などの中等学校生徒を指す言葉で、設置されて間もない東京市政調査会が彼らを対象に市民懸賞論文を募集し、そのなかから市政および市民生活に対する具体的な要望を抜粋して編纂したのが同書であった。このなかで、ある女子生徒はいう。

満員で僅《わず》か爪先だけの隙間でもあれば、多勢待ち構へてゐた労働者の様な人達が我先にとぶら下がるので、我等はそばへ寄る事も出来ない……極めて強い男の人が僅か乗ると、電車は動いてしまふ。かくして私等は遅刻するのである。

もっとも、われ先に乗ったのは労働者ばかりでなく、生徒も同様だったようである。この生徒は続けて「停留場に電車を待つ市民は、現在外国でも行はれてる様に、一列に列を作って、順々に乗車する様にしなければならないと思ふ」と述べたが、ほかには「男子許《ばか》りが通勤者でない」として男女の電車を別々にせよとの意見などもよせられた。当時「外国」で実際に整列乗車が行われていたのかどうかは確認をしていないが、いずれにしても彼・彼女らの意見が、東京市当局を喜ばせる優等生的なものであった点にも注意しなければならない。そうした生徒の一人であった中学校四年生は、次のような提言を行っていた。

大抵の電車は鈴なりで……時には大の男も乗り損ひます。混雑の為に起る乗客同士の争、乗客と車掌との争、実に見苦しいものではありませんか……市民の訓練の足らぬ為に車内で不行蹟《ふぎょうせき》をなすものあり、禁止されたことを行ふ人さへあります。之は市民各自の反省すべき所でないでせうか。我々は小学校の時に、電車の利用法等教へられませんでした。

過去のことは仕方が無いものとして、現在の小国民が将来の国民となる時には、斯《かく》の如き行《おこない》の無いやうには出来ないでせうか。

第4章で改めて述べるが整列乗車が定着するのは一説によれば第二次世界大戦中のことであって、まさにこのときの「小国民」が「国民」となった時期のことであった。

飛び乗り・飛び降り

実際に混雑時の日常的な光景となっていたのは、一糸乱れぬ整列乗車ではなく飛び乗り・飛び降りであった。先にもみた『東京電車案内』は、「電車の進行中飛び乗り又は飛び降りを為すは差支《さしつか》えなし、否寧《むし》ろ便利の事なるが、熟練せざれば頗《すこぶ》る危険の沙汰《さた》なるを以て、老人、小供婦女子等は決して試むべき事にあらず只肢体健強なる青年壮者にして熟練の上、勉めて此法を取れば時間を経済し得て自他の便利と為るべし」とまで述べてそのコツを紹介していた。

これによると、容易なのは飛び乗りのほうであった。二つ方法が紹介されているが、ここではより簡単なほうを紹介しよう。

飛び乗り方は少しく馴《な》るれば容易に為し得べし、速力甚だしく早き時は危険なれば第一に

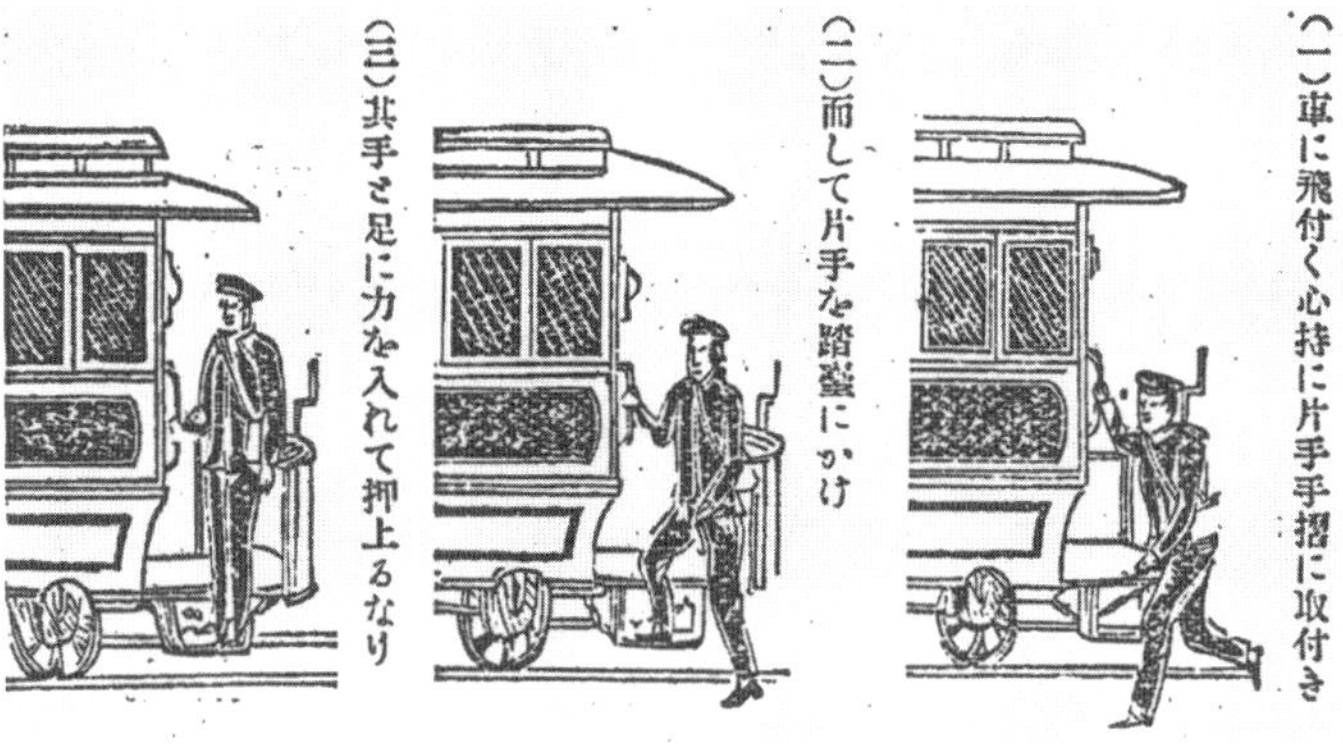

図3-2｜電車への飛び乗りの方法
（出典：玉川謙吉『東京電車案内』1904年。公益財団法人後藤・安田記念東京都市研究所市政専門図書館蔵）

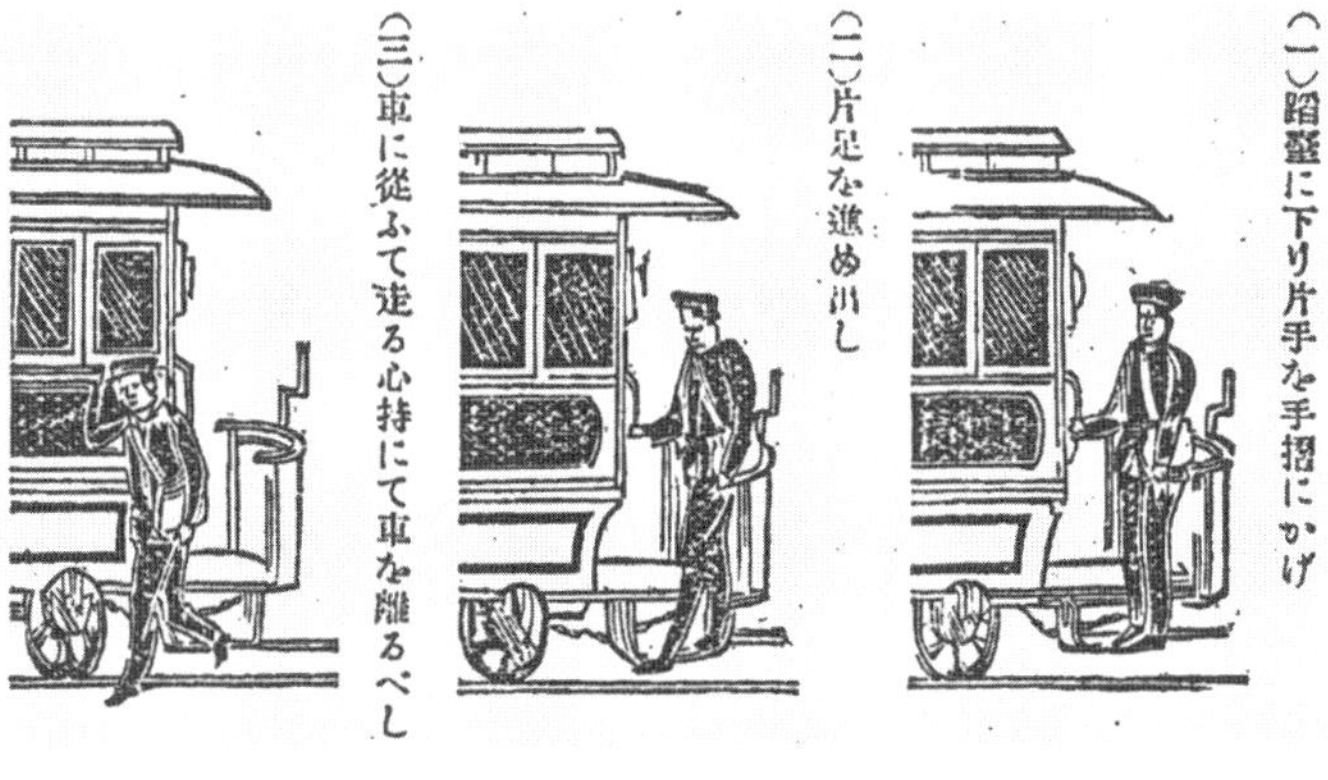

図3-3｜電車からの飛び降りの方法
（出典：玉川謙吉『東京電車案内』1904年。公益財団法人後藤・安田記念東京都市研究所市政専門図書館蔵）

注意すべきは速力の如何に在り　速力若《も》し普通なれば先づ車掌台踏段に向って左方上部に在る、真鍮製《しんちゅう》の立ての手摺《てすり》を左手にて掴《つか》み、右手も一方の柱を掴みて一寸飛び上れば輙《たや》すく乗込むを得べし

また、「其の一歩進みて巧妙なる」方法として図3―2のような右手から先に手摺をつかむやり方もあった。困難とされた飛び降りのほうも、二通りの方法が紹介されている。

先づ普通は車掌台の踏段に降りて外方に向ひて右手に真鍮製の手摺を握り、電車の走る方に向つて飛び降りるなり、而して足が地に付くや否や、手を放し、其の上二《ふ》た足三足前方へ走る心持なるを要す　足の地に付かぬ内に手を放せば危険なる故、必ず心すべき事なり、又降りて手を放さゞれば引摺らるゝの恐れありて其の手加減は余程呼吸を要す〔図3―3〕

〔より高速のときには〕手摺に頼らずして踏段の上に強く身体を後に反らし、若し車が動かざるものとせば必ず後に仰向に顚倒《てんとう》するほどにして右足を先きに車体より落すなり、然る時は車の走行中の為めに身体に付き居る前進の惰力は後へ顚倒せんとする勢と平均して身体の均等を保つべし、是れ飛び降り方の最も巧妙なるものにて如何なる高速度の場合にも出来得べき事なれど、最も能く熟練するに非ざれば危険を免かれ難し

飛び乗り・飛び降りは馬車鉄道の時代から行われていたようで、一八九六年に東京馬車鉄道

が防止策として鉄板でデッキを締め切る試みを行ったことがあったが、定着をみなかったらしい。一九〇三年、東京電車鉄道Ⅱが新橋—品川間で電車運転を開始するにあたって警視庁の担当者が発した、「電車の進行中に於て乗客が自ら飛乗又は飛降るは其の随意にして絶対に之を禁ずるの精神に非ざるも若し其際萬一負傷することあるも這《こ》は車掌の責任を謂《い》ふを得ざるを以て乗客は予め此の点を心得置き可成《なるべく》飛び乗り飛び降りを為さゞる様希望す」という談話も、こうした行為を固く禁止する社会的な合意がまだできていなかったことを示している。[4] こうした状況があったからこそ、先に紹介したような飛び乗り・飛び降りのコツまでもがおおっぴらに紹介されたのであろう。

　電車の最高時速は八マイル(約一三キロ)に制限されていたものの、従来の馬車よりは速く、飛び乗り・飛び降りにともなう危険度は高まっていたはずである。実際、当時の新聞にはこれに起因する乗客の負傷や死亡を伝える記事がしばしば掲載されていた。少し時期が下るが、一九一四年の飛び乗り・飛び降りによる死傷者はそれぞれ三人・四二九人にのぼり、一五年は四人・三一五人、一六年は一人・二九六人であったという記録が残されている。[5] 一九一六年には、国鉄の山手線において男爵名和《なわ》長憲《ながのり》の夫人、温子《やすこ》が渋谷駅で電車から飛び降りを試みて失敗し、轢死《れきし》するという事故が発生した。[6] 鉄道院はその直後に新聞紙上で飛び乗り・飛び降りの危険性を訴えたが、そのなかで「旅客はどうも電車を軽視する傾きがある。其の原因は速力の遅い市内電車に狎《な》れて之と同様位に考へて居るからであらう……速力の早い院線〔国鉄線のこと〕の電車を軽視するのは以ての外」と述べており、[7]むしろ市街電車における飛び乗り・飛び降りが日常的なものであったことを示している。

東京市電気局が市電の飛び乗り・飛び降り防止に本腰をいれたのは一九二〇年代になってからであった。一九二一年には「警句」の募集による啓蒙が試みられたが、[8]次のような入選作は飛び乗り・飛び降りが依然として多かったことを物語っている。[9]

　飛降りが車掌の寿命まで縮め
　飛降りて都大路を四つに這《は》ひ
　留守の私の苦労の種は飛乗飛降り梯子《はしご》酒
　危険厭《いと》はゞ転ばぬ先の杖と見て乗れ赤柱〔停留場のこと〕
　飛降り損じて痛めた尻は持つて行き場も泣寝入り

ただし、こうした状況の責任は乗客ばかりにあるわけではなかったようで、ラッシュ時には「満員札」〔満員のため乗車できないことを示す標識〕を掲げて停留場を通過する電車が多く、乗客が飛び乗り・飛び降りを余儀なくされていたとの指摘もある。[10]

一九二二年の新聞は、電気局電車監督課主任の談話として、「婦人」のうちでは「女学生」の飛び降りが多いことを取り上げているが、[11]これも始業時刻までに登校する必要に迫られていたゆえだったのであろう。この主任は「飛降りをするのも良いとして」とつい本音をいってしまうのであるが、続いて「右足から先に地上に降りると危険此上《このうえ》もありません」と指摘しているのが興味深い。電車は左側通行だったので、多くの場合は進行方向左側から前方に向かって飛び降りたはずであり、先に着地した右足が地面を蹴ったのち、そのまま電車に巻き込まれる危険を指摘したものと考えられる。したがって、先ほど紹介した『東京電車案内』の、右足から踏み出すことを奨励した飛び降りの方法はこの理屈に照らせば誤っていたことになる。同書を読んで実践したわけではないだろうが、飛び降りに失敗して電車に足を轢断《れきだん》されたという事故も、当時の新聞で多く報じられていた。

2　あふれる乗客

通勤・通学の足として

東京市の人口は一九〇〇(明治三十三)年には一五〇万人弱まで増加し、朝夕に官庁・企業・

工場へ出退勤する人びとによるラッシュアワーが出現するようになっていた。電車はこうした人びとの交通機関として期待されていた。たとえば一八九九年に牛込区長から府知事に宛てられた電車市営を主張する建議書では「市街鉄道ヲ利用スル者ハ細民必ズ多キニ居ル中流以上ニ在テハ馬車、自転車、人力車等ノ便アルモ細民ハ之ヲ利用スル能《あた》ハザル」[12]と述べられていた。また、赤坂区長から提出された民営を主張する請願書には「東京ニ於テ交通機関ノ完備セサルハ現ニ商工業上ハ勿論《もちろん》学生修学等ノ為メニモ多大ノ不幸ヲ被リツヽアルナリ」[13]とあり、学生の利用も想定されていたことがうかがえる。一九〇三年に東京市街鉄道への特許案が閣議決定された際にも、学生や労働者らに対する運賃割引が検討されていた。もっとも、このときには外務大臣青木《あおき》周蔵《しゅうぞう》が割引を「一種ノ社会党主義」と批判し、労働者と一般の乗客をどう区別するのか、学生といっても貴族や富豪の子弟もおり、彼らの運賃を割り引く理由はないのではないか、などと述べていた。[14]これらのことは、第1章(二四頁)でふれた石橋湛山《いしばしたんざん》や生方敏郎《うぶかたとしろう》らによる、学生は鉄道馬車をあまり利用しなかったという回想と矛盾するが、電車化は客層の拡大をもたらすと考えられていたのかもしれない。

一九〇三～四年に電車運行を開始した三社は、いずれも三銭均一運賃制度をとっていた。東京馬車鉄道が採用していた半区一銭五厘の運賃は廃止された一方で、どれだけ乗っても上限はかつての一区分にしかあたらない三銭に設定されていたから、長距離利用は大幅値下げ、短距離利用は値上げとなったことになる。これら三社は一九〇六年に合併して東京鉄道となったが(四六頁図2―3参照)、その際には四銭均一に値上げをした。前年に施行された通行税を含めて五銭であったから、短期間のうちにずいぶん乗客の負担は増えたことになる。こうした運賃制度は長距離利用の相対的な優位性を高め、郊外への市街地拡大を誘発した[15]。

こうしたなかで学生や労働者に対する割引が実行に移された。一九〇六年、市街電車を運行していた三社が合併し東京鉄道が成立すると、同社は運賃値上げを計画したが、これに対して反対市民による電車焼打ち事件が発生するなど、かつての青木周蔵のように冷淡視しているわけにはいかなくなっていたのである。すでに前年から早朝割引が導入され午前七時までは運賃二銭+通行税一銭、往復券は五銭(うち通行税一銭)となっていたが、それ以外の時間帯にも九銭の往復券(うち通行税一銭)、二円五銭の五〇回回数券(うち通行税五銭)といった乗車券が発売されるようになった。

東京鉄道は一九一一年に東京市に買収されて同市電気局の経営に移ったが、その後一九一〇年代半ばから一九二〇年代半ばにかけての約一〇年間で、乗客は激増した。東京市ばかりでなく、その周辺の郡部でも人口が増加し、そうした郊外からの通勤・通学客も市電を利用したためである。市電の利用者は一九二〇(大正九)年に年間四億人を突破した。

この時期の市電の様子を知るために、ふたたび『小市民は東京市に何を希望してゐるか』[16]をみてみよう。

第一に指摘されたのは、電車の混雑であった。生徒たちは訴える。「現在の電車の混雑は、恐らく通学生会社員務め人にとつて、生地獄とも思はれやう」（女学校五年生）、「時折幼ない子供や老女の悲痛の声が耳に響きます。……混雑にまぎれて婦女子に対してつまらぬ行為をなす狂人の様な者が居ります」（商業学校三年生）。従業員と乗客との間にもしばしば「不愉快な会話」がなされ、（中学校四年生）「時には互ひに殴り合をする」こともあった（中学校五年生）ようで、車内はずいぶん殺気立っていた。

運賃に関する提言もあった。「高田町（北豊島郡高田町（現、豊島区）か）に間借して、昼は丸の内東京逓信局工務課に勤務し、夜は法政大学商業学校に通学してゐる」という夜学の二年生は、次のように述べた。彼には月三〇円の収入があり、その二分の一は食費、間代（部屋代）が五円、学校授業料と校友会費とに四円八〇銭を納めている。彼は三円の四三回普通回数券を通勤に、一円二〇銭の二五回通学回数券を通学に併用していたが、これでは一円しか残らず、生活は苦しい。そこで、「朝役所に出勤するのに普通回数券によらず、割引されたところの通学回数券を使用する事の許可されるを、希望する」と訴えていた。もしこれが可能になれば、二円三〇銭の五〇回通学回数券を購入すれば足り、一円九〇銭の節約になるのだという。収入の一割にも達する通勤費が自弁であったことにも注意を払っておきたい。

国鉄と同様の定期券を導入してほしいという意見もあった。工業学校三年生の生徒は「市電の通学回数券を定期券として、乗換の切符を一一切つて貰《もら》ふ手数を省いて頂きたいのでありま す。券面に学校名住所氏名年齢身長停留場等を記入して、一目で其の学生の所有物か否かを見分けられる様にして、乗降の際は勿論、乗換の際に一一見せさへすればいゝ様にして、時間を節約して頂きたい。混雑してゐる為に切符を切つて貰ふ事が出来ず、降りる時に切つて貰はうとして、後回しにされたり、何故早く切らなかつたと叱られたりして費す無駄な数分は、真に辛い事であります」と述べている。国鉄で三等定期券が発売されたのは一八九五年であったが、東京市電では定期券は一九三六(昭和十一)年まで導入されなかった。

車体構造の変化

東京の市街電車は登場時、というより登場前よりすでに輸送力不足の問題を抱えていた。先にふれた青木周蔵は、一九〇〇年の時点で「他日我工業大ニ発達シテ朝夕定時ニ工場ニ出入スル幾万ノ労働者ニ対シテ特別取扱〔運賃割引のこと〕ヲ為スノ必要ヲ見ルニ至レバ其運搬ハ須《すべか》ラク汽車ノ便ニ依ルベクシテ二輛以上ヲ連結スルヲ許サレザル市街電車鉄道ノ如キ到底之ニ応スル能《あた》ハザル所ナリ」[17]と予言していた。

ここにあるように連結運転は特許命令書によって禁じられていたが、一九二〇年ごろになって東京市電気局ではこれを計画するようになり、一九二二年には本所・深川方面で試験的に実施した。だが、結果は好ましくなかったらしい[18]。詳細は不明なものの、当時の市電は構造上、二両以上を一括して操作できず前方の車輛のみで加減速を行わざるを得なかったことが関係していたのであろう。加速は多少性能が落ちるのに目をつぶればよいとして、減速を前方車輛のブレーキのみで行うことに過剰な負担がかかったものと推測できる。

結局、現実にとられた方策は車体の大型化であった。最初の電車の車体長は一四尺(約四・二メートル)で、俗に「単車」と呼ばれる二軸四輪のタイプであったが、車体を大型化するには制約の大きい構造であった。理由は線路の曲線である。車体を大型化すれば安定した走行のために軸間距離を広げざるを得ないが、これが一定以上になると今度はカーブを曲がれなくなる。この問題を解決するのが、回転軸によって首を振る四輪の台車を大型車体の両端に取りつける構造である。このような車輛はボギー車と呼ばれる。東京の市街電車にも一九〇六年から導入され一九一一年の市有化から数年で五〇〇両以上に達していた(図3―4、表3―1)。ただ、乗客が急増するなか一度に置き換えることは不可能であったようで、従来の単車も九〇〇両以上が使用されていた。先に紹介した『小市民は東京市に何を希望してゐるか[19]』のなかでは、ある女学校四年生が「今迄の小い電車は乗り難く腰掛け難いのですから、廃しまして、ボーギー電車にして」ほしいという意見をよせている。これが書かれた一九二〇年代初頭には、ボギー車の数が単車のそれを上回ったが、単車も相当数が使用されていた。

一方、同じボギー車でも増備が進むにつれ車体の構造が変化していった。別の女学校二年生は電車の車体構造について次のように論じている。

東京市民の為、追々と、あの青い電車のやうな構造の電車を沢山造つて下さる事を、希望してをります。それは、現在の赤電車とちがつて、出入口の構造が大変私達に都合よいのです。他の電車の出入口には、戸がなく鎖ばかりですが、是は戸があつて、その戸は、電車内に一定の人員だけ入れてしまつて、動き出せば、中の車掌がかぎをかけてしまいます。ですから、電車の走つてゐる間は、飛おり飛のりが出来ないのですから、自然と怪我する

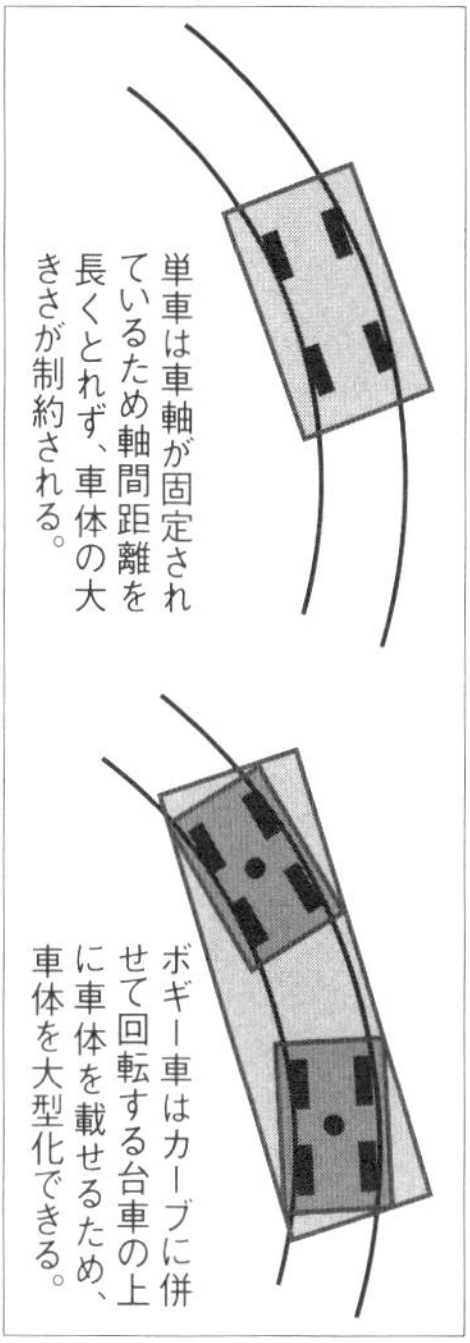
単車は車軸が固定されているため軸間距離を長くとれず、車体の大きさが制約される。
ボギー車はカーブに併せて回転する台車の上に車体を載せるため、車体を大型化できる。
図3-4｜単車とボギー車の構造

表3-1｜東京市電の営業キロ・車輛数・利用客数

年度	営業キロ	車輛数			利用客数(千人)
		単車	ボギー車	計	
1911	103.3	923	153	1,076	138,317
1912	115.5	923	297	1,220	225,395
1913	122.0	923	364	1,287	245,743
1914	128.0	923	470	1,393	257,099
1915	128.4	921	525	1,446	261,738
1916	128.4	919	525	1,444	262,703
1917	133.1	910	525	1,435	296,212
1918	134.9	908	552	1,460	336,704
1919	138.0	857	681	1,538	395,200
1920	143.4	852	851	1,703	400,636
1921	147.9	795	896	1,691	448,408
1922	149.4	790	1065	1,855	479,702
1923	154.5	424	956	1,380	453,953
1924	155.7	459	1246	1,705	496,269
1925	156.9	366	1323	1,689	467,001
1926	160.0	298	1295	1,593	441,190
1927	159.5	298	1314	1,612	439,673
1928	165.0	298	1338	1,636	445,085
1929	168.9	298	1334	1,632	421,190
1930	173.3	297	1297	1,594	369,738
1931	173.3	294	1181	1,475	335,440
1932	173.3	227	1112	1,339	300,778
1933	174.1	227	1131	1,358	295,687
1934	174.1	198	1131	1,329	287,462
1935	174.0	190	1127	1,317	294,190
1936	173.9	190	1127	1,317	309,841

出典：東京市電気局事業報告書各年度版

人がなくなり、一定の人を入れた後は、いくら残りの人がおしこまうとして必死になつても、はいれないので、中の人々は余りおされたり何かして苦しまなくてもすみます。又運転台ともくぎりがあり、危なくなくて、出入口から腰掛までの間が広いので、何となくゆつたりとして立つてゐられます。……その次によいと思つてゐるのは、赤くて真中に出口のある電車です。これには飛乗り飛降り出来るやうですが、真中に出口があるので、前口から乗つたひとでも、後口から乗つた人でも、皆便利がよいので真中へ行きますから、したがつて前後の口も、他の電車のやうにこみません。

この女子生徒は、電車の構造について二点述べている。一点目は出入口付近の構造についてである。従来の「赤電車」と異なり、「青い電車」には出入口に戸があって飛び乗り・飛び降りなど無理な乗車ができないのが利点であるという。この「青い電車」というのは一九二三年から製造された三〇〇〇形のことで、出入口と客室を一体化し、側面に扉を設けたのが特徴であった(図3—5)。停留所で扉の開閉を行えば、安全性の向上や定時運行にはメリットがあろう。二点目は、運転台と客室との間の間仕切りについてである。それまでの車輛は運転台と乗客用の空間との間には何らの仕切りもなかったのであるが、三〇〇〇形では、運転台の背後にH形に組んだパイプを配置し、乗客スペースとの境界を設けた。乗降もデッキを介さずに行う構造となり、幾分かはスムーズになったであろう。

図3-5｜東京市電3000形
側扉が車体下部まで覆っているため飛び乗り・飛び降りができない。ただし，この写真では後部の扉を開放しているようにもみえる。（撮影：高松吉太郎，鉄道ピクトリアル提供）

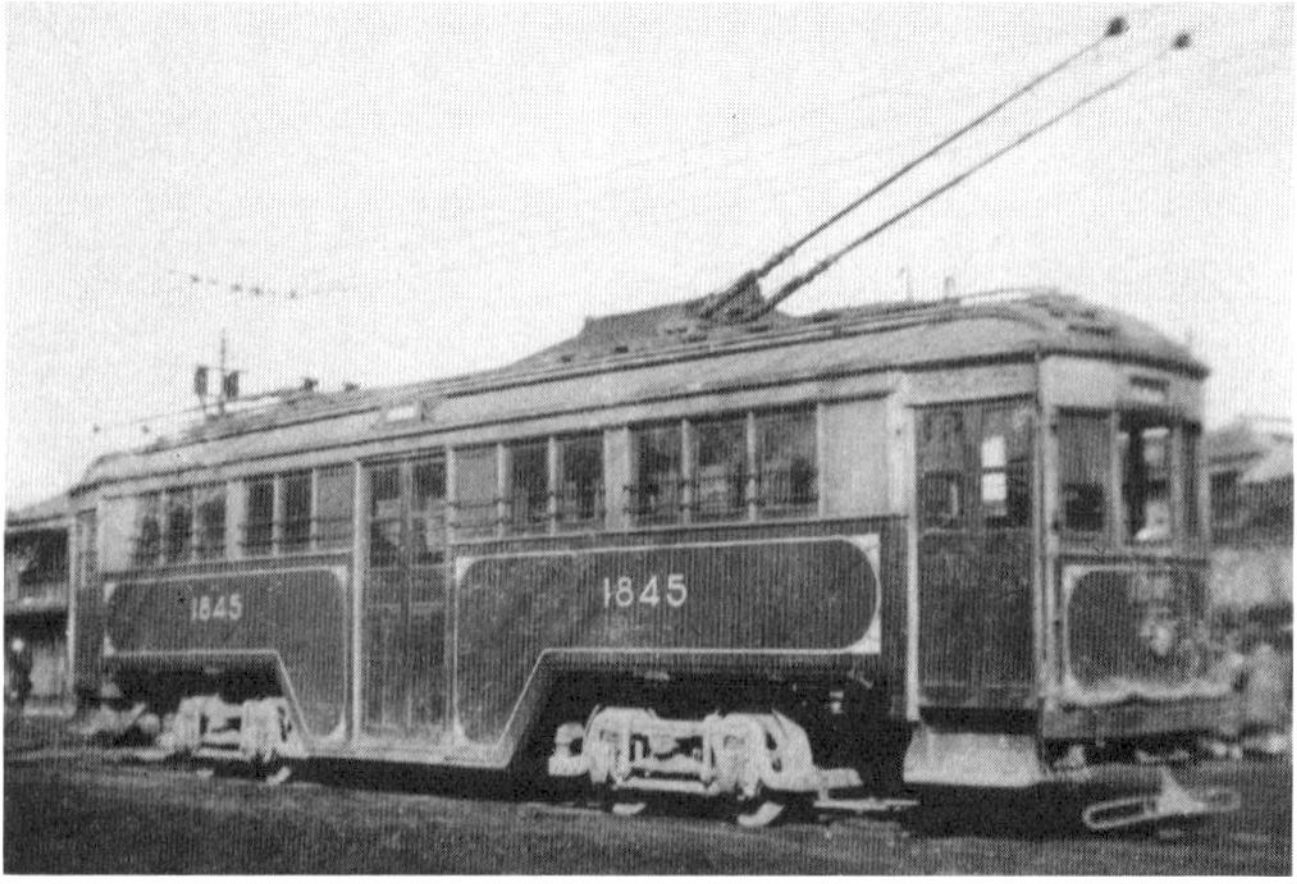

図3-6｜東京市電1653形
側扉があるが，両端部にステップがあるため飛び乗り・飛び降りを完全には防止できなかったものと思われる。（高松吉太郎コレクション，鉄道ピクトリアル提供）

彼女はまた「赤くて真中に出口のある電車」にも言及している。これは一六五三形という電車を指し、三〇〇〇形より前の一九一九年から二一年にかけて製造された東京市電ではじめての扉付き車輛であった（図3―6）。真中に扉を設けたのは混雑緩和のためで、乗車は両端の扉を利用し、降車の際は真中の扉を利用することとしていた。乗客に真中の出口を目指して移動させ両端部の滞留を解消するとともに、車内での移動距離も短縮する狙いがあったという。ただ、アイディア自体はよかったものの、ステップがあるため飛び乗り・飛び降りを完全には防げなかったものと思われる。また、真中に開口部を設けたことで車体を支える台枠の強度が不足してしまい、中央部がしだいに垂れ下がってくるという欠陥もあらわになり、三〇〇〇形では真中の扉が省略されてしまった。とはいえ「現在ある青い電車で出口の中にあるのを作ったら理想的と思ひます」（商業学校二年生）という要望は当局も自覚していたようで、一九二五年には両者の特徴を備えた四〇〇〇形が製造された。一九三〇年には車体を鋼製にして強度を確保し、車体幅を広げた五〇〇〇形が登場し、これが決定版ともいうべきものとなった（図3―7）。ただ、五〇〇〇形に設けられた真中の扉は第二次世界大戦中に人手不足から使用が中止され、戦後に埋められてしまった。戦後に製造された東京都電の車輛は、すべて片側二扉となっている。

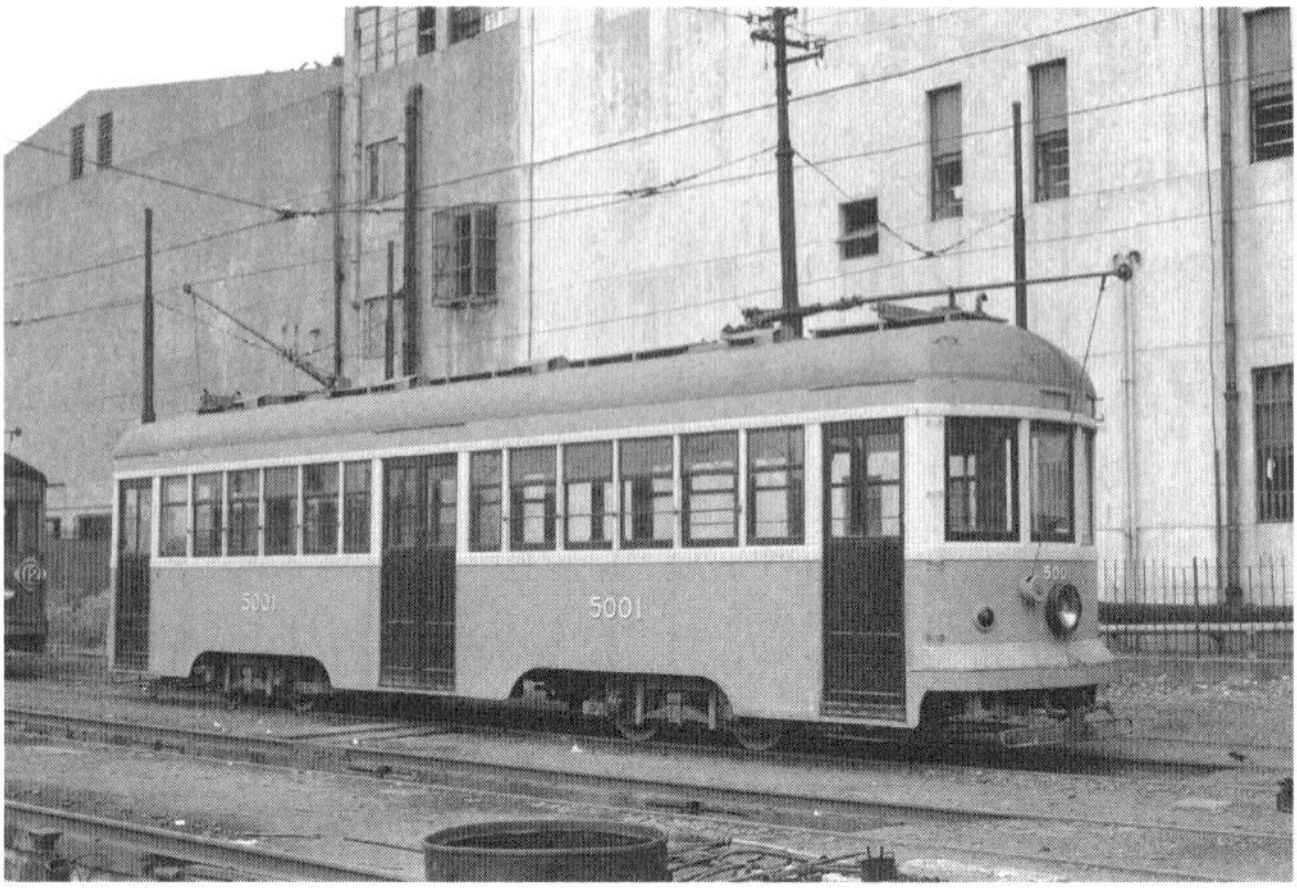

図3-7-1｜東京市電5000形
（撮影：高松吉太郎，鉄道ピクトリアル提供）

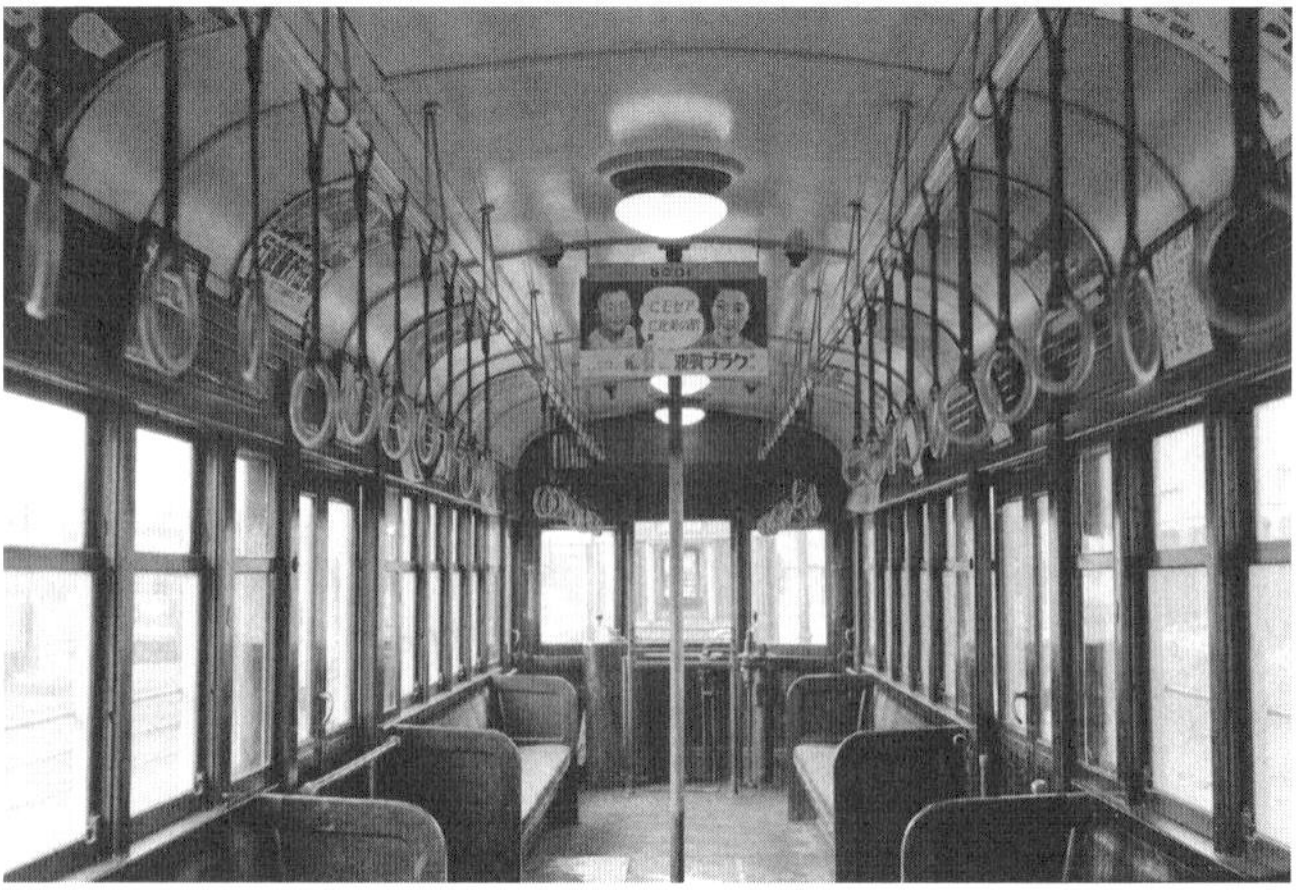

図3-7-2｜東京市電5000形5001車内
（撮影：高松吉太郎，鉄道ピクトリアル提供）

急行運転と市街電車の限界

輸送力を向上させるもう一つの方法は、運転時分の短縮である。といっても、市電の運転速度は最高毎時八マイル(約一三キロ)に制限されていたことから、東京市電気局はかわりに急行電車を運転することとし、関東大震災直後の一九二三年十二月三十日より実施した。市内三五二の停留場のうち一四二カ所を急行停車停留場とし、それ以外の停留場については七時から一〇時および一五時から一九時までのラッシュ時には通過することとしたのである。

だが、評判はあまりかんばしいものではなく、「小市民」たちのなかにも「苦情を云ふものが少なくない」状況であった。

折角停留場があつても、急行の為めにその停留場より乗る事が出来ず、次の停留場まで歩くと云ふ様になります。ですから皆が学校へ行く時間、役所へ行く時間は普通にして、急行時間はそれ以外にしたらどうなのでせうか。〔女学校三年生〕

急行電車、あれは止めた方がよくはないかと思ふ。学校の帰りに雨が降つて来たりなどすると、次の停留場まで歩かねばならず、其の為に傘を買つたりして、随分不経済である。

〔女学校二年生〕

急行は反つて時間の損です。即一所《すなわちひとところ》止まらない為に、乗換場所が非常に混みますから、前に止まらないで得た時間は、矢張り費えてしまひ、結極《（ママ）》同じわけですから、かへつて不便を感じます。〔女学校五年生〕

あまり効《ききめ》のあるものとは思へない。たゞ普通の速さで、一二の停留場をとまらないだけだから、そんなに速くもないやうに思ふ。そして急行時間でも、停車する停留場の近くの人はよいが、停車しない停車場《（ママ）》の近くの人は中々不便である。そうしてもそのため五分位の時間はつぶされる。〔女学校四年生〕

このような次第で、結局、一九二六年四月三十日限りで急行運転は廃止されてしまった。

一九二九年、東京市電の最高速度が時速二四キロに引き上げられ、続いて一九三三年に三〇キロとなった。だが、一方で市電の利用者は一九二四年度に年間五億人目前まで迫ったのち下降傾向に転じ、一九三〇年度には四億人を、一九三三年度には三億人を切った（七六頁表3―1参照）。

では、市電を利用していた通勤・通学者たちはどこへいったのであろうか。一つは、鉄道省＝国鉄の電車であった。山手線・中央線・京浜東北線といった、こんにちJRにより運行されている電車の大部分はこの時期に運転を拡大したのであるが、これらは郊外路線の役割をおびつつ、市内交通機関としても機能した。また、山手線の駅から郊外へと延びる私鉄も両大戦間期に続々と開業した。一方で、これら新しい交通機関への市電側の対応は遅れ、「市電と郊外との連絡が誠に不完全」[20]と指摘されることもしばしばであった。こうした市電の出遅れを埋めたのが、バスやタクシーといった自動車交通であった。

結局、市電の輸送力増強は一定程度の車体の大型化以外にこれといった有効な手段を打ち出せず、経営上の困難もあって一九三〇年代にははっきりと衰退の傾向を示すようになったのである。

1　玉川謙吉『東京電車案内』（電車案内社、一九〇四年）
2　「東京電車鉄道の開始に就て」（『読売新聞』一九〇一年三月十七日朝刊）
3　東京市政調査会『小市民は東京市に何を希望してゐるか』（一九二五年）
4　「電車開始に就て当局者の談」（『東京朝日新聞』一九〇三年八月二十五日朝刊）
5　培風館編『災害は避けられる―一名・災害防止展覧会説明書』（一九一九年）
6　「名和男爵夫人電車に轢殺さる」（『東京朝日新聞』一九一六年二月二十日朝刊）
7　「飛乗飛降は命懸　電車を侮るな」（『東京朝日新聞』一九一六年三月三日朝刊）
8　「振った電車の警句」（『読売新聞』一九二一年三月十二日朝刊）

9　五味政知編『現代標語歌謡集』(大鐙閣、一九二二年)
10　「電車警句」(『読売新聞』一九二一年四月十七日朝刊)
11　「よみうり婦人欄　不正切符の濫用や釣銭を詐欺する婦人の電車客が多い　飛降りをする女学生もある」(『読売新聞』一九二三年十一月六日朝刊)
12　「東京市内市街鉄道につき建議」(牛込区会、一八九九年十月九日)『都史資料集成　第3巻　東京市街鉄道』(東京都公文書館、二〇〇一年。以下、『市街鉄道』と略す)三八六頁
13　「市街鉄道に関する請願」(赤坂区会議員協議会総代、一八九九年十月十八日)『市街鉄道』三九八頁
14　「閣議、市街鉄道に関する特許条件等を定める」(一九〇〇年六月四日)『市街鉄道』四九三頁
15　鈴木淳『新技術の社会誌』(中央公論新社、一九九九年)
16　前注3
17　前注14
18　「連結電車はすぐ廃止　折角の企ても大失敗で」(『東京朝日新聞』一九二二年九月二十四日朝刊)
19　前注3
20　東京市電気局『市営電車に就て』(一九三四年)

第4章

省線電車の登場

1 省線電車を支えたシステム

高速鉄道の導入

東京で一九二〇年代以降に普及をみた交通機関の一つが高速鉄道(高速度鉄道、高速電車、高速度交通機関などともいう)であった。ここでいう高速鉄道とは、英語でいえば新幹線などを指すHigh Speed Railのことではなく都市交通機関の一つであるRapid Transitに相当するもので、典型的には次のような技術的特徴を備えていた。

一つは、線路が道路上ではなく専用の敷地(新設軌道または専用軌道と呼ばれ、高架線や地下線を含む)に敷設されていたことである。日本では、第3章で述べたように道路上に敷設された軌道の場合、最高時速が八マイル(約一三キロ)におさえられていた。これはあまり守られなかったという話もあるが、ほかの車輛や通行人との関係から運転速度の向上に限度があったのは事実であろう。専用軌道であれば、そうした制限を設ける必要はなくなる。

いま一つの特長は、複数車輛を連結して運転した場合に一カ所の運転台から複数の動力車を

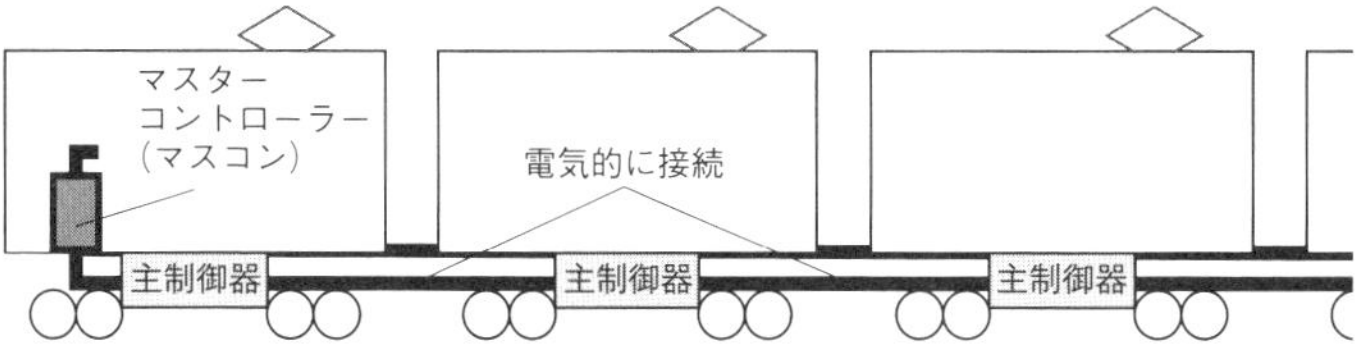

図4-1｜総括制御の概念図
先頭のマスコンで各車輛の主制御器を電気的に操作し，それを受けてそれぞれの主制御器が各車のモーターを制御する。マスコンは各車のモーターを間接的に制御するので，間接制御ともいう。

制御できること（総括制御、図４―１）であった。初期の市街電車では運転台のコントローラーで電圧および電流を変化させ、直接的にモーターを制御する方式（直接制御）をとっており、仮に他車のモーターを制御しようとすればコントローラーの電流値を大きくしなければならず操作に危険がともなううえに、高圧の回路を車輛間に通さなければならなくなるため、現実的ではなかった。これに対してコントローラーを、あくまでモーターを制御する装置（主制御器）に指令を送るための装置（マスターコントローラー）と位置づける方式が考案された。これを間接制御といい、電流値の小さな制御用電源回路によって車輛間をつなぐことで、安全かつ容易に総括制御を行うことが可能になったのである。

日本で最初にこれらの要件を満たしたのは、一九〇四（明治三十七）年に飯田町―中野間を電化した甲武鉄道であった。これは私設鉄道条例という法規に基づいて建設されたため線路も専用軌道として敷設されていた。表定速度（起点から終点までの平均時速）は一六マイル（約二六キロ）であったから、最高時速はそれを大幅に上回っていたとみてよい。車輛も前年に開業した市街電車と異なり総括制御方式であった。実際には一両での運転が多かったというからその真価を発揮する機会は乏しかったであろうし、車体も全長一〇メートル余りだったため輸送力が大幅に増加したわけではなかったが、多数の車輛を連結して高速で走行することが技術的には可能となったのである。甲武鉄道は一九〇六年に国有化され、電車運転は国鉄に引き継がれた。一九〇九年には同じく国鉄の山手線上野―烏森(現、新橋)間でも電車運転が開始された。ここにも総括制御方式の車輛が導入されたが、実際には一両での運転が基本であった。市街電車が運転を開始して間もない時期であり、輸送需要がそれほど多くはなかったのであろう。

これらは従前の汽車鉄道を電化して高速鉄道化をはかった例であったが、一方で市街電車と同じ軌道条例によりつつ実際には高速鉄道の性質を備えた例もあった。一九〇五年に開業した阪神電気鉄道は大阪―神戸間約二〇マイルのうち一七マイルを新設軌道で建設し、全区間を九〇分間で運転した。表定速度は時速約一三マイル(約二一キロ)ということになり、途中の停車時間を考慮するとそれを大幅に上回る速度で運行していたのは間違いない。同じ年、関東でも京浜電気鉄道が品川―神奈川間をほぼ専用軌道で開業した。ただし、両社ともこの時点では車輛は総括制御方式ではなかった。

図4-2｜東京駅を背にした京浜線電車
（出典：『東京横浜間電気工事記念写真帖』1916年，鉄道博物館蔵）

京浜線電車の運転

名実ともに本格的な高速鉄道の要件を備えたのは、一九一四（大正三）年に運転を開始した国鉄京浜線であった（図4―2）。正式には京浜線という路線は存在せず、東海道本線の東京―高島町（翌年桜木町まで延伸）間の電車による運転系統につけられた愛称であるが、従前の本線に並行して電車専用の線路が増設され、実質的には都市交通として新たに建設された別線であった。専用軌道上を走行したのはもちろん、当初より連結運転を行い、表定速度は二四・二マイル（約三八・七キロ）に達した。

京浜線の開業は十二月二十日だったが、実際にはこれに先立つ十八日、東京駅開業式にあわせてお披露目を兼ねた臨時列車が運転された。京浜線は、東京駅開業にともなうダイヤ改正の目玉だったのである。当時国鉄線を運行していた鉄道院は、第一次世界大戦で青島を攻略し、広島から列車で東京に凱旋《がいせん》してきた陸軍中将神尾光臣《かんおみつおみ》の一行をわざわざ品川で下車させ、東京駅までのわずかな区間を開業間際の京浜線電車に乗り換えさせるという演出を行った。[1] これに続いて東京駅から国会議員や鉄道関係の官吏らを乗せた試乗特別列車が仕立てられ、横浜方面に向かった。

だが、この試乗列車は品川付近に来たところで動かなくなってしまい、復旧して運転を続けたものの鶴見でふたたび故障してしまった。本来なら四五分で走破すべきところを二時間三分かかってようやく高島町駅に到着し、乗りあわせた人びとは急遽《きゅうきょ》仕立てられた蒸気列車で東京に戻ったという。鉄道院は仙石貢《せんごくみつぐ》総裁名で新聞に謝罪公告を打った。

二十日からの本営業でも、トラブルは続いた。主たるものは、新しい集電装置として導入されたパンタグラフが架線から離線したことであった。これは電車への電気供給が途絶えるのみならず架線およびその吊下装置の破壊をともなう場合が多く、厄介な事故であった。新聞によれば、本営業開始から三日のうちに、最大二七分の遅れが生じていたという。このくらいの遅れであれば許容範囲ともいえそうだが、鉄道院では二十八日から電車運転を休止して抜本的に改修することとした。

離線の原因

　京浜線に導入されたパンタグラフはローラー式といい、頂上に設置されたローラー型の集電舟が電車の進行に従って回転する仕組みを備えていた（図4—3）。これに対して現在一般的なパンタグラフは摺板《すりいた》式であり、頂上の集電舟が架線に対し摺動《しゅうどう》する構造である。両者のもっとも大きな違いは架線に対する押し上げ圧力で、摺板式が一〇～一五ポンド（五～七キログラム）であったのに対し、ローラー式は二五～三五ポンド（一一～一六キログラム）程度と、倍以上の力であった。[2]

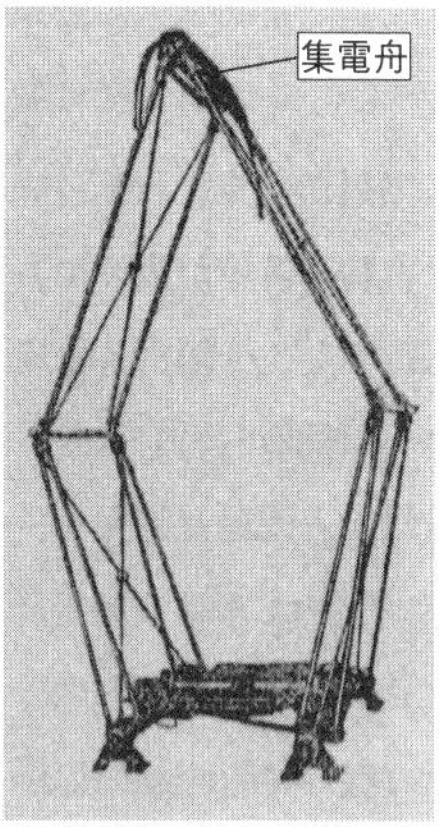

図4-3｜ローラー式パンタグラフ
（出典：井上昱太郎『電気鉄道』1914年。国立国会図書館蔵）

　ところで集電装置でもっとも重要なのは架線への追従を確保することであるが、これを左右する要素は、大まかにいって集電装置による押し上げ力と架線の張力の二つである。これらをなるべく一定に保つことが高い追従性を可能にするのであり、列車の速度が上がるほどその条件は厳しくなる。

このうち押し上げ力についていえば、パンタグラフは従前のトロリーポールやビューゲルよりも優れていた。トロリーポールやビューゲルでは、跳ね上げる高さに応じて接触角度が変化するため押し上げ力が変じてしまうが、パンタグラフの場合は高さにかかわらず押し上げ力を一定に保つことができるからである。もっともこれは理論上のことであり、実際の電車は三次元の揺れをともなって走行するのであるから、押し上げ力は一定にはならない。それでも、変動の範囲を小さくすることは可能であった。

次に架線の張力であるが、細い架線を支柱から吊り下げる構造をとるかぎり、張力が位置によって変化するのは避けられない。これに対してはパンタグラフが上下動することで追従を保つのであるが、張力の変化があまりに急激かつ大きなものであれば離線の原因となる。これを防止するには、架線吊下方法を工夫して張力の変化を最小限におさえる必要がある。京浜線で採用されたローラー式パンタグラフは押し上げ圧力が強いため、架線の張力もそれに耐えつつなお一定に保たれるよう調整されなければならなかったはずだが、それが必ずしもうまくいかなかったのである。

もっとも、実際の事故原因はパンタグラフだけにあったのではなく、多くの要素が複雑に絡みあっていた。たとえば曲線区間における架線と軌道中心(線路の中心)との位相である。曲線区間において、架線は線路にあわせ曲げるのではなく直線の組み合わせで対応することになっているのであるが、その変位は当然ながらパンタグラフ側の集電舟の幅(二尺＝約六一センチ)を超えないようにしなければならない。さもなければ離線してしまう。それまで主流であった滑車付きのポールであれば変位に対して首を振るため、ある程度柔軟に追随することが可能であったが、パンタグラフを用いるなら位置調整をより厳密に行う必要があり、これが正確さを欠いていたのである。

ただ、このことをもって電気部門の担当者だけを責めるわけにもいかなかった。架線下を走る車輛の側でも、台車のばね装置の調整が不十分であったため曲線区間で想定外の動揺をきたしていたからである。車体の傾斜は規定の二倍以上に達していたといい、これでは架線の位置調整が正確でも離線はまぬがれない。

では、車輛担当者の責任なのかといえばそうとも言い切れなかった。道床の突き固め不足による線路の沈下、つまり土木部門における失敗も原因であったという。これでは車輛が正確に整備されていてもまともには走れない。道床の突き固めはすでにノウハウが確立された事柄であったから、これは土木部門の技術問題というよりも、工程管理をはじめとするマネジメントの問題であった。

京浜線におけるトラブルの原因はきわめて複合的だったのである。

2 技術にみあう組織

巨大技術と組織

当時のマスコミは、東京駅と京浜線の同時開業にこだわるあまり試運転が不十分であったとして、鉄道院を批判した。同院は約半年ほど京浜線の運転を休止したうえで徹底した改修を行い、問題の解決に努めた。改修にあたっては、仙石貢総裁みずから陣頭指揮にあたったという。

技術部門の責任者であった技監・技術部長の石丸重美《いしまるしげみ》、その下で線路工事を担当した工務課長で東京改良事務所長でもあった岡田竹五郎《おかだたけごろう》、電気課長の玉木辨太郎《たまきべんたろう》、車輛を担当する工作課長島安次郎《しまやすじろう》の四人は「四博士」と呼ばれ、それぞれの部門の責任者としてマスコミからの批判と仙石総裁からの叱責《しっせき》の双方にさらされた。東京鉄道管理局電気課長心得であった井上昱太郎《いのうえいくたろう》やその下にあった小宮次郎《こみやじろう》といった電気技術者も激務の連続であったという。

一九一五(大正四)年五月、京浜線はようやく運転再開を迎えた。このとき『時事新報』は改めて京浜線問題を取り上げ、五日間にわたって記事を連載した。[3] この記事は、トラブルの根本的な原因を「線路と架空線と速力の三者間に調和を失せる」ことに求めた。当時の鉄道院技術部では「線路」敷設は工務課、「架空線」は電気課、「速力」すなわち車輌に関しては工作課がそれぞれ受けもっていたが、[4] 本来であれば電車をめぐる技術は「不可分」のものであるにもかかわらず、「工事分担」の体制になっている点を衝いて次のように批判したのである。

一定不可分の電車工事を完成するに当り線路は工務課に於て敷き架空線は電気課に於て懸くるが如きは分業に委ぬ可《べ》からざるものを強いて分業に依らしめ自ら進で不統一の典型を構成せるの観なしとせず

〔中略〕

架空線の工事は当然工務課の為すべき所にして電気課は電流のことを確かむれば即分足る然るに斯《か》くては電気課は拱手徒座《きょうしゅとざ》するの閑に陥るを以て勢ひ架空線に手を触れたり

最後の「架空線に手を触れ」というのは、架線の設置を工務課ではなくて電気課が担当したことを示している。実際の架線にふれれば直流一二〇〇ボルトに感電して落命してしまうが、鉄道院の失態はそれにも匹敵するという皮肉である。

引用した箇所の前半では鉄道院における分業体制を批判しているが、後半では分業そのものではなくそのあり方への批判となっており、論旨は必ずしも一貫しない。ただ、この記事は個別技術の複合体としてのシステム全体をどのように統御するのか、という問題を提起した。

科学技術論・文明論の専門家である河宮信郎《かわみやのぶお》によれば、「巨大システム」の引き起こす事故の特徴の一つとして「設計・構造レヴェルで全過程を把握し、システム総体に責任を負いうる人間がいないこと」があるという。システムが大規模になればなるほどその総体を把握することは困難になり、システムの安全性は「組織」に委ねられ、結局は誰も責任をとり得ない状態になるというのである。[5] 現在の大型航空機や原子力発電所といった巨大システムにおける事故を想起すれば、うなずけるものがあろう。京浜線のトラブルは、現在の目からみればごく単純なシステムにかかわるものとはいえ、こうした問題の先駆的な表れであった。

だが、興味深いことにこの前後の鉄道院の組織変遷を追うと、『時事新報』が主張したのとはまったく逆の推移をたどっていたこともわかる。同院では一九一三年、それまで地方組織＝各地の鉄道管理局の権限が強かったのを改めて中央組織＝本省の強化をはかったのであるが、その際、本省に技術部を設置していた。技術部には建設・工務・工作・電気の各課という技術関係部署をおき、さらにこれら全般に責任を負うポストとして技監を設置していた。つまり、技術部門の集約がはかられていたのである。一方、京浜線のトラブル対処が一段落した直後の一九一五年六月に行った組織改正では、技術部は廃止されて車輛および電気を担当する工作局と土木を担当する工務局に分別され、あわせて技監ポストも廃止された。理由は「全般ノ技術ヲ一人ニ於テ総括スルハ不可能ニシテ責任ノ乱ルル所以《ゆえん》」と説明された。[6]

つまり、『時事新報』が巨大技術には一元的組織によって対応すべきと主張したのに対し、鉄道院はすでにそのような組織体制をとっており、むしろこの出来事を通じて一元的管理の無理を悟り、分立的な組織体制に改めたのである。当時の鉄道院は東京近郊のみならず全国的な電化を構想しつつあったのであるから、そのことを前提として組織を改正したのかもしれず、ひとり京浜線のトラブルがこうした対応をとらせたと理解することには無理があるかもしれない。とはいえ、国鉄では東京を除けば信越線の碓氷峠くらいしか既成電化区間のなかった当時にあって、京浜線が鉄道院にこうした問題を自覚させたのもまた事実だったのである。

なお、問題の元凶とされたパンタグラフであったが、一九一五年五月に京浜線が運転を再開したときには摺板式に変更され、安定して作動するようになった。これはアメリカGE(General Electric)社製で、のちに国鉄部内でPS1と形式が定められた。[7] 一九一六年からは国産のPS2が導入され、これは戦後まで使用されることになる。山手線と中央線ではもともと複線架空式が採用されていたことから引き続き旧来のトロリーポールが使用されたが、遅くとも一九一九年までにはポール式のほうが離線や架線の切断を引き起こしやすいと評価されるようになり、[8]両線とも一九二〇年までにパンタグラフに置き換えられた。もちろん車輌の屋根上を改造するだけですむというものではなく、架空線を単線に改め線路を帰線として使用するための整備も必要であった。

「停電」の頻発

一九二〇年に鉄道院は鉄道省に改組され、国鉄線は「院線」にかえて「省線」と呼ばれるようになった。省線電車は、都市の新しい交通機関として受け入れられ、運転区間も拡大していった(図4―4)。中央線は一九一九年に東京駅乗り入れを果たし、その後電化区間を吉祥寺、国分寺、立川と西へ延ばしていった。この時期の中央線と山手線は直通して「の」の字運転と呼ばれる一つの運転系統を形成していたが、一九二五年に山手線の神田―上野間が開業すると環状運転が開始され、中央線と分離した。京浜線もこの年、東京駅以北の田端まで運転区間を拡大し、一九二八(昭和三)年には東北本線の電車専用線が建設されたのにともない赤羽まで直通するようになった(このころから「東北京浜線」という呼称が用いられ、さらにのちに「京浜東北線」と呼ばれるようになったが、本章では戦前・戦中については「京浜線」で統一す

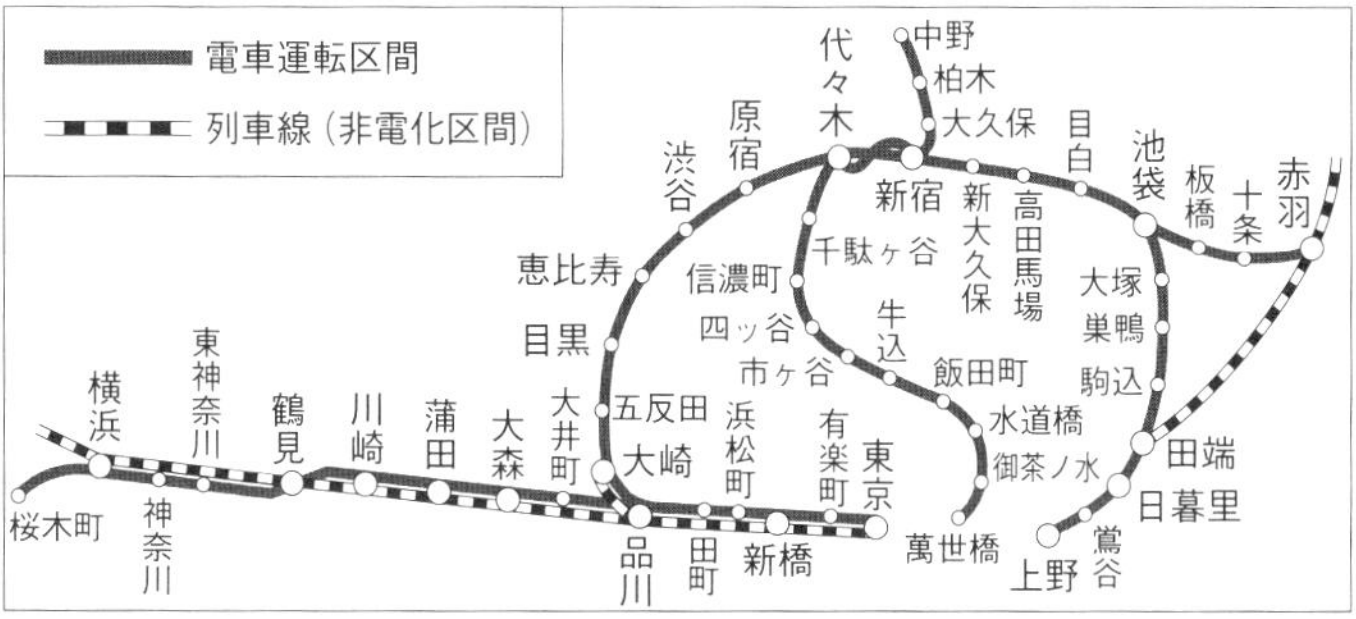

図4-4｜**省線電車路線図**（1915年）
こののち，1919年に東京—万世橋間が開業し中央線と山手線を直通する「の」の字運転が始まり，1925年に上野—東京間が開業して山手線の環状運転が始まった。（東京鉄道局電車掛『省線電車史綱要』〈1927年〉より作成。）

る）。
ただ、この時期にいたっても、省線電車は現在の我々からみれば必ずしも信頼に足るものとはいえなかった。運転事故が頻繁に発生していたのである。表4－1は、院線および省線電車における「運転事故」の件数を要因別にまとめたものである。これによれば、もっとも多かったのは電車故障（とりわけモーターの故障）であり、これについでいたのが

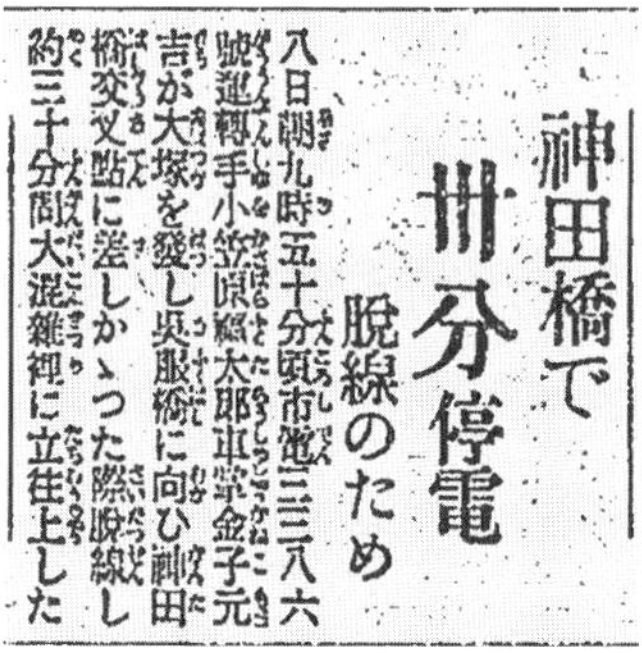
神田橋で
卅分停電
脱線のため
八日朝九時五十分頃市電三三八六號運轉手小笠原總太郎車掌金子元吉が大塚を發し呉服橋に向ひ神田橋交叉點に差しかゝつた際脫線し約三十分間大混雜裡に立往生した

図4-5｜**「停電」を伝える新聞記事**
（『東京朝日新聞』1924年9月9日夕刊）

「送電事故」であった。

件数でみれば「電車故障」のほうが多いが、新聞紙面をにぎわせていたのは圧倒的に「送電事故」のほうで、これは「停電」と表現されていた。こうした逆転現象の理由はよくわからないが、停電のほうが列車の運転中止が長引くことが多く、乗客にあたえる影響が大きかったのかもしれない。ちなみに、「停電」という言葉は、送電の停止一般とともに電車が正常運行をできなくなる事態をも指していた。「脱線のため停電」などといった使い方がなされていたのである(図4―5)。

一九二〇年代の『東京朝日新聞』で省線電車の停電を報じた記事の件数を年次別にまとめたのが図4―6である。一九二二年に一〇件を記録しており、以後少しずつ減少していくことがわかる。新聞記事の件数は必ずしも事故の件数と連動しているわけではないだろうが、一九二〇年代半ばに停電が省線電車の利用客を悩ませていたのは事実であろう。とりわけ一九二二年の年末は停電が頻発したようで、十一月十一日・十二日、十二月四日・五日・八日・十四日・十七日・二十八日と列車の運行に支障をきたした。年が明けた一月九日・二十六日にも停電が続いている。

個々の記事から停電の理由をさぐってみると、基本的には「人災」が多かったことがうかがえ、架空線や送電線の切断、発電所・変電所設備の故障が多かった。絶縁体である碍子《がいし》の破損

表4-1｜省線電車の要因別運転事故件数

年度	電車故障	送電事故	自動信号機故障	列車遅延	合計
1918	163	48	—	3	458
1919	184	39	—	5	456
1920	179	70	—	22	437
1921	173	123	—	29	439
1922	134	102	87	22	409
1923	299	153	60	56	727
1924	482	162	74	76	942
1925	413	226	91	130	1077

出典：東京鉄道局電車掛編『省線電車史綱要』東京鉄道局，1927年
注：当時と現在とでは「事故」の定義が異なっており，現行の国土交通省令「鉄道事故等報告規則」に従えば「事故」ではなく「輸送障害」に分類されるものも含まれているが，ここでは当時の呼称に従う。

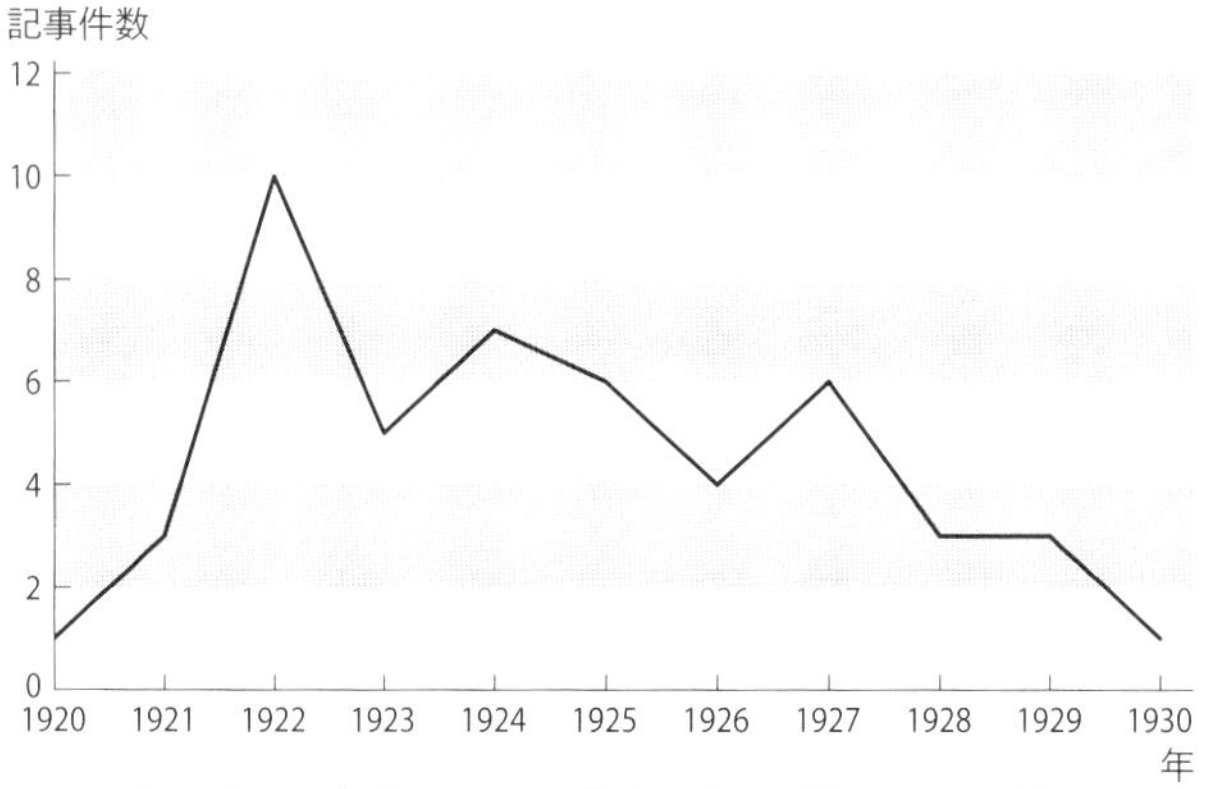

図4-6｜1920年代における省線電車の「停電」記事件数

も散見された。なかには降雪や落雷など自然災害に由来するものもあったが、それらにしても機器類の耐性がこんにちの品質水準に照らせば不十分であったということであろう。一九二四年九月には、碍子の故障で京浜線の自動信号が故障したという事故も発生して[9]おり、一見電気とは関係のないトラブルにみえても実は電気系統が原因となっているものも含まれていた。

電力供給の安定

当時、鉄道省は自家発電と買電の組み合わせによって電車運転用の電気を調達していた。自前の発電所としては甲武鉄道の国有化によって引き継いだ柏木発電所（現、東中野付近）があったが、一九〇九（明治四十二）年に山手線で電車運転が開始されたのにともない、東京市電の前身であった東京鉄道からも受電するようになり、明治末期には必要電力の過半を買電に頼っていた。一九一四年には京浜線電車運転にあわせ川崎に矢口発電所を開設した一方、一九一八年には柏木発電所を変電所化し、翌年の中央線における中野―吉祥寺間電化と東京―万世橋間の開業に際しては必要電力の増加を東京電燈からの買電でまかなっている。一九二三年には赤羽発電所の運転を開始したが、東京電燈および東京市電気局からの買電も引き続き行った。

このように自家発電と買電を併用する方式は、供給系統が多重になるのでトラブルへの耐性を強めることにもなる。一九二三年の関東大震災に際して自前の発電設備が破損したにもかかわらず東京電燈からの電力供給ですぐに電車運転が再開できたというのは、その好例であろう。一方でこの方式は、他社局におけるトラブルの影響を受けやすいという弱点もある。そして、この時期にはどちらかといえば後者のデメリットのほうが大きかったようである。

鉄道省に電気を供給しつつみずからも巨大な市電網を有していた東京市電気局もまた、電力の多くを発電事業者（電気の卸売業者）である鬼怒川水力電気（鬼怒電）から調達していたのであるが、同社のトラブルによる市電の停電も省線に負けず劣らず頻発していた。鬼怒電は一九一三年に操業開始したのであるが、大規模ダムによって大量に発生する電気の供給先を確保する必要があったことから、市営化以前の東京鉄道との間に売買契約を結んでおり、東京市電気局がその契約を引き継いでいたのである。

『東京朝日新聞』で一九二一年から二九年までの間に報じられた五四件の市電の停電に関する記事を読むと、少なくとも三二件は鬼怒電側に原因があったと判断できる。鬼怒電の発電設備は落雷や豪雨といった自然現象によりしばしば破損し、さらに遠距離を高圧で送電するため碍子の不調による停電も発生した。一九二八年六月一日には、とうとう電気事業を監督する逓《てい》信《しん》省が鬼怒電に対して改善命令を発したほどであった[10]。鬼怒電から電気を買い、鉄道省や市内の一般需要者に販売していた東京市電気局は、こうした状況の被害者であり加害者でもあったことになる。

これに対して鉄道省がとった策が、電力自給であった。一九三〇年に川崎発電所(火力)[11]、一九三七年に信濃川発電所(水力)の運転をそれぞれ開始し、電気運転に必要な電力の自給を達成したのである。一九三五年に発行された『鉄道省電気局沿革史』には「購入電力は停電事故相当多く……多数の発送電系統が相互に連絡し送電網の複雑せる事に起因する場合が多い。……民間会社からの購入電力は必ずしも確実なりと謂《い》ふことは言ひ得ないのである」(七八頁)という記述がみられ、このころまでに電力自給が安定供給に有利であるという考え方が支配的となっていたことがわかる。

これら二つの発電所は公共企業体・日本国有鉄道を経てJR東日本に引き継がれ、現在でも首都圏のJR線で使用する電力の大部分をまかなっている。また、東京市自身も一九二八年に芝浦発電所(火力)の操業を開始し、さらに一九三三年には、こんにち奥多摩と呼ばれる多摩川上流地域における水力発電計画をまとめ、電力自給を計画するにいたった。[12]こちらは実現こそ戦後にずれ込んだが、東京都交通局が所管する多摩川第一・第三発電所としてやはり現在まで操業している。

一般に、戦前には経済的メリットから電気鉄道事業と電気事業の兼営が多くなされていたことが指摘されているが、少なくとも東京ではそうした体制が必ずしも初めから存在したわけではなかったこと、それが自家発電という一種の「兼営」にいたった背景にはここで述べたような技術的な事情が存在したことも指摘しておくべきであろう。

3 ハードの不足とソフトの補完

輸送力の増加と速度向上

第一次世界大戦期以降、省線(院線)電車の利用客数は毎年二割から三割ほど増加していった(表4―2)。二両編成だった列車は三両編成となり、さらに四両、五両と増加して八両編成にまでなった(表4―3)。運転間隔も短縮され、一九三〇年代には京浜線と中央線で二分台間隔での運転が行われるようになっていた(表4―4)。編成両数の増加も運転間隔の短縮も、単位時間あたりの輸送力を増大させるのは自明であろう。

スピードアップも積極的に行われた。第2章で述べたように、スピードを上げれば乗客にとって便利なのはもちろんのこと、これによって車輌の回転率を上げ、一定時間内により多くの列車を運行させることで輸送力が増すことになる。また、一定時間内の列車本数を変えない場合であっても用意すべき車輌の数を減らすことができ、鉄道事業者側にも経済的なメリットをもたらす。

速度向上のための手っ取り早い手段は、車輌の性能を上げることである。[13] 当時の電車につい

表4-2｜省線電車輸送量

千人

年度	人員
1921	128,406
1926	289,822
1931	369,307
1936	601,407
1941	1,207,301
1946	1,378,130
1951	1,894,553

出典：『鉄道技術発達史』第2篇（施設），日本国有鉄道，1959年
注：1933年度以降は，関西方面における電車利用者も含まれる。

表4-3｜電車の編成両数（1932年9月1日現在）

路線	区間	平常時	輻輳時
京浜線	大宮〜赤羽	3	3〜4
	赤羽〜田端	3	7〜8
	田端〜上野	2〜4	5〜8
	上野〜品川	2〜5	5〜8
	品川〜蒲田	3〜5	7〜8
	蒲田〜鶴見	4〜5	5〜8
	鶴見〜桜木町	4〜5	4〜5
山手線	環状線	2〜4	5〜6
	池袋〜赤羽	2	2
中央線	東京〜吉祥寺	3	6〜7
	吉祥寺〜三鷹	2	6〜7
	三鷹〜立川	2	3〜7
	立川〜浅川	2	3

出典：『鉄道技術発達史』第1篇（総説），日本国有鉄道，1958年

ていえば、それは大出力のモーターを装架することであった。初期の中央線および山手線用の電車では一基あたり四五～七〇馬力のモーターを備え、架線から直流六〇〇ボルトを得て駆動していたのに対し、一九一四(大正三)年に運転を開始した京浜線用電車では高速運転を志向して一〇五馬力のモーターを採用し、一九二三年度からは一五〇馬力に増強した。また、多数の大出力モーターをいっせいに駆動することから生じる電圧降下を避けるため、品川－桜木町間

表4-4｜省線電車運転間隔（1932年9月1日現在）

単位：分

路線	区間	平常時	輻輳時
京浜線	大宮～赤羽	16.0	8.0
	赤羽～田端	8.0	8.0
	田端～上野	3.1	2.7
	上野～東京	2.6	2.0
	東京～品川	2.2	2.0
	品川～蒲田	4.0	4.0
	蒲田～桜木町	8.0	8.0
山手線	環状線	5.0	4.0
	池袋～十条	8.0	4.0
	十条～赤羽	8.0	8.0
中央線	東京～万世橋	4.0	2.1
	万世橋～中野	4.0	2.1
	中野～高円寺	5.3	2.8
	高円寺～荻窪	8.0	3.5
	荻窪～吉祥寺	8.0	4.3
	吉祥寺～三鷹	16.0	6.7
	三鷹～国分寺	16.0	12.0
	国分寺～国立	16.0	12.0
	国立～立川	16.0	12.0
	立川～八王子	32.0	20.0
	八王子～浅川	32.0	30.0

出典：『鉄道技術発達史』第1篇（総説），日本国有鉄道，1958年

では架線電圧を直流一二〇〇ボルトとした。一九二三年には山手線も直流六〇〇ボルトから同一二〇〇ボルトに変更され、中央線も一九二七(昭和二)年までに同様の昇圧を完了した。これらはさらに一九二五年から三一年にかけて一五〇〇ボルト化され、各線で大出力のモーターを備えた車輛が使用できるようになった。

一九二五年にはモーターの出力呼称を「馬力」から「kW」(キロワット)に改定し、それまで電圧七五〇ボルトで一五〇馬力としていたのを、六七五ボルト(一割の電圧降下を見込んでいる)で一〇〇キロワットとあらわすように改めた。一〇〇キロワットのモーターは当初メーカーごとに細部の仕様が異なっていたが、一九二六年に登場したモハ三〇形用のものでは規格が統一され、翌年にMT一五と形式名をあたえられた。こうした大出力化の結果、たとえば中央線では一九二八年にスピードアップが実現し、東京―中野間の所要時分は四〇分から三四分に短縮された。

ソフトウェアの新技術も導入された。鉄道省は、一九二五年度に「一段制動階段弛め」と呼ばれる新しいブレーキ操作方法を導入した。これは駅に近づいたところで一気に制動をかけて停車直前に二～三回小刻みにブレーキ操作を行い停車位置の正確を期しながら列車を止めるというもので、従前の遠くから段階的に速度を緩めていくブレーキ操作に比べて高速運転の時間を長く確保でき、駅間距離の短い省線電車のスピードアップには有利であった。ただし、それまでの制御管式自動ブレーキという装置では、停車直前に頻繁なブレーキ操作を行うと列車全体に貫通するブレーキ管の空気圧が減少し、各車のブレーキ力や作動のタイミングが一致しがたくなるという問題があった。そのため、対策として元空気溜管式というブレーキの同期をとりやすい方式への改造が行われた。

停車時間の短縮も目指された。当時の標準停車時間は二〇秒と定められていたが、乗降に手間取り列車の遅延を招くことが常態化していた。これに対し一九二五年十一月、山手線環状運転開始にあわせて次の内容の通牒《つうちょう》が発せられた。まず、客扱い終了後ただちに出発すること。これは乗降が終われば標準停車時間の二〇秒に達しなくとも発車してかまわないという意味で、余裕時分を稼ぐ意図がうかがえる。次が、停車時間は一分を限度とすることであった。同年六月五日に田端駅で行われた電車乗降所要時間測定実験によれば(表4―5)、車体長約一六メートルで片側三扉車輌の場合、空車に二八〇人が乗り込むのに約七〇秒を要したという。停車は一分を限度とするというのは、ここから導き出されたのかもしれない。また、同実験によれば二〇〇人が乗車した状態で乗降客が入れ替わるのに約一五〜一六秒を要したというから、二〇秒という標準停車時間がそれなりに実態に即したものであったこともわかる。

停車時分を少しでも短くするために、出発時における運転操作も変更した。たとえば車掌から運転手への出発合図は鉄道開業以来手笛(呼子笛)で行っていたが、編成の長大化や列車本数

表4-5｜乗降所要時間測定実験（1926年6月5日）

空車に対し	所要秒数	当初200人乗車に対し	所要秒数
50人乗車	5	100人下車	16
さらに50人乗車	4.5	50人乗車	
さらに40人乗車	6	50人下車	15
さらに60人乗車	10	100人乗車	
さらに30人乗車	7	100人下車	15
さらに15人乗車	7	60人乗車	
さらに35人乗車	30		
計280人乗車	69.5		

出典：新出茂雄・弓削進『国鉄電車発達史』電気車研究会，1959年

の激増によって手笛の聴き逃しや誤聴が発生していた。これに対して一時、中間部車掌を配置して合図を中継する試みも行われたが、一九二五年からは電鈴による合図に切り替えられた。もっとも、手笛は乗客に対する出発合図をも兼ねるとされていたため、笛の吹鳴そのものは継続して行われた。一九二六年には、発車時の汽笛吹鳴も廃止されたが、これによって見込まれるとされた発車のための時間短縮効果は、なんと約二秒であった。たったこれだけの時間でさえも重要視される事態となっていたのである。

自動ドアも、この時期に停車時間の短縮を狙って導入された。それまでの手動ドアは駅員と車掌が手分けして開閉・施錠していたのであるが、編成の長大化はそれに要する手間と時間を増大させた。電車が動きだしたあともドアを閉める作業が続き、そのための中間乗務車掌は最後に飛び乗るのが常態化していたという。一旦閉めたドアを乗客が勝手に開ける場合も多く、飛び乗り・飛び降りによる事故も発生していた。

表4-6｜省線電車表定速度

単位：km/h

路線・区間	運転開始当時	1932年9月1日
京浜線 東京―横浜	34.7	43.1
山手線 環状線	27.3	32.9
中央線 御茶ノ水―中野	25.1	31.8

出典：『鉄道技術発達史』第1篇（総説），日本国有鉄道，1958年

こうした状況を解消するため一九二六年九月より京浜線の電車に自動戸閉装置が試験的に設置され、一九二七年度には新製車九〇両と改造車一三一両に自動ドアが取りつけられて、一九二八年度には京浜線の全車が自動ドア化された。その後、山手線では一九二八～三〇年度、中央線では一九三〇～三二年度にかけて自動ドア化が行われた。

こうした施策の結果、表定速度は表4―6のように上昇した。

輸送力増強の限界

ここまでみたように、両大戦間期の鉄道省は省線電車に対して、車輛の大型化や長編成化、増発や速度の向上などといった設備投資を活発に行った。だが、一方でそれは融通無碍《ゆうづうむげ》に行われたわけではなかった。鉄道省の予算は無限ではなかったし、さらに全国的な視野に立つべき国有鉄道が大都市圏という「一地方」のみに

対して重点的な投資を行うことへの批判も存在した[14]。政党政治が定着したこの時期には、のちにローカル線と呼ばれることになる全国津々浦々の鉄道が積極的に建設された。それが党の票田となったからである。

そうした事情は、輸送力増加のための投資にもしばしば影を落とした。たとえば一九三〇年三月に横須賀線で電車運転を開始するにあたって、鉄道省は車輛を新造するのではなく山手線と京浜線から八六両を転出させてこれをまかなった。車輛が減ってしまった山手線では各駅の停車時間を二〇秒に短縮し〔前項で述べたように二〇秒が「標準」とされていたことを考えあわせると、二〇秒以上であった駅も二〇秒にそろえたという意味か〕、一周七二分だったのを六四分に短縮して対応したという[15]。半年後の十月、ようやく横須賀線専用の新型車モハ三二系列が導入されはじめ、一年半かけてようやく必要両数がそろった。

急増する乗客をさばくため停車場設備の拡充も急務となったが、それもしばしば阻害された。たとえば京浜線の電車専用駅として設置された大井町駅は、一九二〇年代前半には一日四万六〇〇〇人から五万人の利用客があり、多いときには六万五〇〇〇人もあったと報じられている[16]。一九二二年の東京駅乗降人員が一日平均四万五〇〇〇人であったことを考えれば[17]、この数字がいかに大きなものであったかが理解できよう。鉄道省は三〇万円を投じてホーム増設などの拡張工事を行うと報じられたが、実現した形跡はない。

こうしたなかでも、一九三二年には総武線の御茶ノ水―秋葉原―両国間が開業して電車運転を開始し、翌年には中央線飯田町―御茶ノ水間の複々線化およびそれによる緩行線（停車駅の多い運転系統）と快速線（停車駅の少ない運転系統）の分離が実現した。だが、めだった設備拡充はここまでであった。一九三五年に京浜線でも東京―品川間の線路増設が計画され、翌三六年に着工したのであるが、まもなく始まった日中戦争の影響で中断を余儀なくされたのである。[18]

未実現に終わった計画の内容は、線路を共用していた山手線および京浜線と、東海道線列車および横須賀線電車について、それぞれを分離するため、この区間にさらに一組の複線を増設し、京浜線の快速列車（「京浜急行線」と仮称されたが戦後の京浜急行電鉄とは関係ない）と横須賀線電車を走らせるというものであった。複線の増設が実現したのは戦後の一九五六年で、このときは京浜東北線と山手線の分離のみが実現している。東海道本線と横須賀線の分離は、地下にさらに一組の複線を建設することで一九七六年に実現した。

戦争による京浜急行線計画の中止は、駅設備の改良中止をも意味した。たとえば有楽町駅では一面二線のホームを二面四線に改める予定であったが、[19] 線路増設の中止とともに取りやめとなった。列車線と電車線の計二面のホームを備えていた新橋駅では三本目のホームを建設したものの、結局は戦時中に撤去されている。[20]

このように利用客が急増する一方でさまざまな事情によって輸送力増加のための設備投資が

のろい急行電車
軍需景氣から勤人足の悩み
鐵道省へ苦情の山
小公園

図4-7｜省線電車の混雑
(『東京朝日新聞』1939年5月4日夕刊)

制約されたことは、乗客の側からみれば混雑の激化を意味した。「交通地獄」という言葉が登場したのはこの時期である。京浜線では一九三八年に混雑緩和のため二等車を廃止し、それまで二等車として使用していた車輛を三等車として開放するなどの対応がなされたものの[21]、車輛不足が解消することはなかった。また、駅のホームや階段・改札も簡単には拡大や増設ができず、処理能力が不足した。一九三九年の新聞では「ラッシュアワー」という言葉が登場しており、そこには「時間の正確では世界一を誇る鉄道」が前年の暮れから異変をきたし、各駅で

「職工さんや勤人の乗降りに時間をとつてしまふ」ことで遅延が慢性化したという記事が掲載された（図4―7）。とくに新宿・池袋・秋葉原・大井町・蒲田・川崎の各駅では一分三〇秒から二分の停車が常態化していた。

交通道徳運動

こうした状況下で試みられたのが、乗客の行動様式の統制や、それを受け入れる精神の陶冶《とうや》であった。こうした規範は、「交通道徳」と当時表現された。この言葉が登場したのは一九二〇年代のことで、一九二二年には桐島像一《きりしましゅういち》東京市会議長や政治家の児玉秀雄《こだまひでお》（台湾総督も務めた源太郎《げんたろう》の長男）、宗教家・社会運動家の山室軍平《やまむろぐんぺい》らが発起人となって交通道徳会が設立され、東京市・鉄道省・警視庁などと協力して市内二五万人の小学生を対象に道路の左側通行と電車での降車優先、車内で奥に詰めることなどを呼びかけていた[22]。

また、こうした動きと呼応するように、省線電車でも一九二五年に次のようなポスターが貼り出された[23]。

降る方を先に、乗降り御順に、

発車が一駅で三十秒遅れると、中野東京間十四駅で七分、蒲田東京間七駅で三分三十秒遅延となるから朝夕の混雑時二時間内に中野東京間で四十四回、蒲田東京間で二十四回の電車が、前者は三十五回、後者は十七回しか運転出来なくなり約二千乃至《ないし》三千人の御客が余計に混み合ふこととなります

第3章でみたようにこの時期にはすでに東京市電の混雑が問題化しており、利用客に一定の行動規範を植えつける試みそのものはなされていた。乗客の側にもそれを少なくとも頭では理解する素地が形成されていたといえよう。ただ、このような公告がなされたということは、乗客の実態が整列乗車とは縁遠いものであったことを示していたとも考えられる。いずれにせよ、この種の運動がその後盛り上がりをみせた様子はうかがえない。

「交通道徳」がふたたび喧伝《けんでん》されるようになるのは、一九四〇年以降のことであった。一九四〇年の八月、大日本青年団および大日本少年団が「交通道徳の新体制運動」と称し、一二〇〇人を動員して「交通道徳実践隊」を組織のうえ、東京および京阪神の国鉄駅計三三駅で「交通道徳」の実践と呼びかけを行ったのがその発端である。具体的には、駅前広場の交通整理、出札窓口での整列、乗車券を買う場合に釣り銭がいらないように準備すること、改札口では切符をめいめいがもつことなどを励行したほか、待合室で寝そべったり荷物で席をふさいだりする者への注意なども行った[24]。

九月には警視庁が交通道徳強調週間として類似の運動を行った。新聞も積極的に協力した模様で、「一降り二乗り、三発車」の励行を訴えるとともに、他人の迷惑になる大きな手荷物はもち込まない、車内では奥のほうから腰かけて出入り口をふさがない、などといった警視庁関係者の話を紹介している。[25] また、東京駅では駅員八〇〇人から標語を募集し、「心の送迎門で足る」「送迎の無駄な時間を国策へ」「切符はめいく一列に」「順よく並んで押さずに乗車」などの作品が入選した。[26]

また、この時期の際立った特徴として中等学校の生徒を積極的に動員したことが指摘できる。たとえば日出高等女学校からは五年生の生徒が「交通道徳実践隊」と称して動員され、目黒駅においてセーラー服姿で腕章を巻いて並び、「御順に一列！押しあっては却って遅くなります」などと乗客にメガホンで呼びかけたという。[27] 鉄道省も各地の中等学校に呼びかけを行い、[28] 翌一九四一年には関東各県ごとに通学自治連盟が結成された。[29] この年の十二月に実施された交通道徳強調週間でも、中等学校生徒に「協議」をさせ、整列乗車や満員電車の見送り（無理な飛び乗り、ハコ乗り〈窓から上半身を出して乗ること〉はしないこと）、傷痍《しょうい》軍人や老人、子どもに席を譲ること、二キロ以内は徒歩励行すること、などの規範を引き出したうえで、彼らを通じて「交通公徳実践の範を示し一般大衆の公徳心を昂揚《こうよう》する」ことが目指された。[30]

交通道徳強調週間は一九四二年にも繰り返された。このときには「交通道徳模範列車」なるものが運転された。大政翼賛会の移動推進員が模範電車に乗り込み、車内に設置された拡声器で「一列作りませう」「左側から乗りませう」「元気な人は立ちませう」など「足の翼賛」を行った[31]。特筆すべきは八月二十四日から実施された「駅内正常歩運動」である。それは、次のようなものであった。

現在一列励行運動や電車の左側乗車の徹底で、出札、改札口、汽車、電車の乗降動作は次第に効果的になつて来たが、まだ通路や階段等で駈足《かけあし》立止まって長々と挨拶を交したり、左側通行を無視する人もあるのでこの際皆が正しい姿勢で歩けば人の流れも円滑に、混雑も防がれようといふわけ、まず東京、有楽町、新橋、新宿の四駅では通勤時には行進曲レコードを放送して旅客の歩調を音楽に合はせ「足並揃へて」の運動を普及徹底させることになつた[32]。

駅で行進曲を放送し乗客の歩調を統一しようというのである。しかしリズムだけあわせても人によって足の長さや歩幅は違うのであるから、はたしてこの試みが成功したのかどうかは疑わしい。

しかし、交通道徳運動そのものは日本人の精神と行動様式に、決定的な影響をあたえたといってよい。一九五一年に刊行された『岩波写真文庫　二一　汽車』に「到着順に列を作るということは、日本人が戦争でやっと身につけた習慣の一つ。切符売場やホームの乗車場などで、喧嘩《けんか》や混雑をみごとに防ぎとめる鉄道のエチケットである。」という記述がみられるように、こうした規範は戦時中に「やっと」定着したのである。交通道徳運動は戦後も継続し、一九六〇年代までは新聞紙上にも「交通道徳」という言葉がしばしば登場していた。その後は「乗車マナー」などの言葉に置き換えられたものの、公共交通における集団的な行動規範はこんにちまで日本社会の大きな特徴であり続けている。

1　「開通の盛観　凱旋の光輝」（『東京朝日新聞』一九一四年十二月十九日朝刊）
2　井上昱太郎『電気鉄道』（一九一四年）
3　「京浜電車失態責任」（一）〜（五）（『時事新報』一九一五年五月十七日〜二十一日）
4　東京鉄道局電車掛編『省線電車史綱要』（東京鉄道局、一九二七年）
5　江沢洋・坂本百大・室田武編『巨大技術と人間』（朝倉書店、一九八八年）六八頁
6　日本国有鉄道修史委員会編『日本国有鉄道百年史』五巻（日本国有鉄道、一九七二年）二五二〜二五三頁、二六〇〜二六三頁
7　『鉄道技術発達史』第一篇（総説）（日本国有鉄道、一九五八年）
8　「改良する院線電車」（『東京朝日新聞』一九一九年四月二十日朝刊）
9　「自働信号機停まる」（『東京朝日新聞』一九二四年九月二十八日夕刊）
10　「鬼怒電へ遂に改善命令」（『東京朝日新聞』一九二八年六月二日朝刊）
11　「近く省電に実現の停電よけ」（『東京朝日新聞』一九三〇年三月十八日朝刊）
12　「多摩川水電を買収六万キロを発電　市の電力自給計画案成る」（『国民新聞』一九三三年二月二十二日）

13 新出茂雄・弓削進『国鉄電車発達史』(電気車研究会、一九五九年)
14 「誤れる鉄道政策　都市集中是非」(『東京朝日新聞』一九二二年七月十五日朝刊)
15 「横須賀ゆき省電三月十五日から　山手、京浜に影響」(『東京朝日新聞』一九三〇年一月三十日朝刊)
16 「東京駅をしのぐ大井駅の乗降客　鉄道局が卅萬円で大拡張」(『読売新聞』一九二五年七月十六日朝刊)
17 『鉄道技術発達史』第二篇(施設)(日本国有鉄道、一九五九年)九二三頁
18 前注17、一〇九頁
19 「広く、便利になる　省線有楽町駅」(『東京朝日新聞』一九三九年三月三十一日朝刊)
20 前注17、九二六頁
21 「省線の電車区間　二等車廃止　出勤時の混雑緩和」(『東京朝日新聞』一九三八年九月四日朝刊)
「京浜線五十余両　一夜で塗替へ　愈々一日から二等車廃止」(『東京朝日新聞』一九三八年十月三十日朝刊)
22 「小学生から交通道徳の宣伝」(『東京朝日新聞』一九二二年二月九日朝刊)
23 前注13、五五頁
24 「駅の混雑に『道徳部隊』」(『東京朝日新聞』一九四〇年八月十三日夕刊)
25 「〝先着順に一列乗車〟十六日から交通道徳週間」(『東京朝日新聞』一九四〇年九月五日朝刊)
26 「交通道徳宣伝標語」(『東京朝日新聞』一九四〇年九月十四日朝刊)
27 「守れ〝足の道徳〟」(『東京朝日新聞』一九四〇年九月十七日夕刊)
28 「学生の自治通学会」(『東京朝日新聞』一九四〇年十月二日夕刊)
29 「通学に〝足〟の自治」(『東京朝日新聞』一九四一年四月二十二日朝刊)
30 「交通道徳にお手本」(『東京朝日新聞』一九四〇年十一月十五日夕刊)
「頭かく大人達　生徒交通整理週間」(『東京朝日新聞』一九四〇年十二月三日夕刊)
31 「〝足の翼賛〟総進軍」(『東京朝日新聞』一九四二年八月二十五日夕刊)
32 「音楽入り正常歩」(『東京朝日新聞』一九四二年八月二十三日朝刊)

第5章

都市計画と高速鉄道

1 東京市内の高速鉄道構想

鉄道が決めた「大東京」

近代の都市計画は欧米において、近代社会の影の部分である都市問題・社会問題への対応として、言い換えれば自由主義的な経済社会における「市場の失敗」への対応として、一九世紀末に成立した。イギリスでハワードが提唱した「田園都市」(Garden city)が単なる都市の街区設計にとどまらず「あるべき社会像」を描いていたように、それは社会技術として成立したのである。

日本の内務官僚や建築学者がこのような欧米の都市計画にふれたのは一九〇〇年代のことであった。最初はその本質を正確に理解できず、どのような街区にどのような建築を施すかという、ハードウェアの技術としてもっぱら受け止められた。しかし、一九一七(大正六)年ころまでには本来の意味が理解・消化されて「都市計画」という訳語が一般に使われるようになり、一九一九年には都市計画法が制定された。[1]

ただ、都市計画法そのものは、どの範囲をどのような都市にしていくのかという具体的な内容については、何ら定めていなかった。まだ市街地化していない部分も含め、どの範囲を対象とし、どのような社会をつくるのかについては、何の指針もなく、個別の都市に応じて決めていかなければならなかった。東京では明治期に「市区改正」という市街地改造が行われたことがあったが、これは基本的には既成市街地を対象としたものであったし、内容的にも、どこにどのような施設や道路を配置するかという、もっぱらハードウェアの次元に限定されていた。既成市街地と郊外をまとめて「大東京」と呼びならわすことはあったが、その範囲は漠然としており、どこからどこまでを指すのかは決まっていなかったし、ましてどのような社会をつくるのか、という次元までは話がおよばなかった。

市域を越えて拡大する東京の市街地整備を比較的早い段階で検討したのは、鉄道院およびその影響下にあった鉄道事業者団体の帝国鉄道協会であった。帝国鉄道協会は土木学会と協同して東京市内外交通調査会という組織をつくり、一九一八年に『東京市内外ニ亘ル高速度交通機関　軌道、道路、運河、築港、公園ニ関スル下調書』という報告書を発行した。東京市内の人口は第一次世界大戦のころから飽和状態となり停滞に転じ、中心部では減少すらみられるようになっていた。一方、市の外側に隣接する五郡(荏原・豊多摩・北豊島・南足立・南葛飾の各郡)では市街地化が進んで人口が増加傾向にあったし、それはますます拡大する見込みであった。そこで、郊外に対しては旧市内のように宅地化が進んでから「市区改正」をするのではなく、将来の計画を定め、前もって整備しておくべきと唱えたのである。

注目すべきは、「大東京」の具体的な範囲が示されたことである。それは、高速鉄道を使い「大約一時間内外ニ於テ往復シ得ル範囲」「中心地点〔日本橋区日本橋〕ヨリ十哩《マイル》ノ半径ヲ以テ円ヲ書キ其円内ヲ大東京ノ地域」とするものであった。実際には機械的な円ではなく、河川や既存の町村界に沿って区切られ、東京市と隣接五郡の大部分、それに北多摩郡、千葉・埼玉両県の一部をあわせた範囲が「大東京」とされた。[2]

この範囲のうち東京府に含まれる部分がほぼそのまま一九二二年に「東京市都市計画区域」に指定され、一九三二(昭和七)年と三六年には東京市とそれら町村とが合併して、三五区からなる新たな東京市が成立した。その後一九四三年に都制が施行され、戦後の一九四七年に三五区が二二区に再編成されたが、同年のうちに板橋区から練馬区が分かれて二三区となった。都市計画に先行して鉄道が「大東京」に形をあたえ、それがこんにちの東京二三区をつくったのである。

さまざまな高速鉄道構想

先に言及した東京市内外交通調査会の下調書によれば、一九一〇年代半ばの東京における市電の平均乗車距離は、四マイル(約六・四キロ)程度であった。それは当時における東京市の中心であった日本橋付近から市外縁までの距離とほぼ等しく、郊外から来る人びとが市の外縁から市電を利用して中心部に出ていたことを意味した。一方、欧米の都市では市電の平均乗車距離は一マイル半程度、長くても二マイルには達しないのが普通であり、それ以上の移動には「高速鉄道」を利用するのが一般的であるとされていた。

だが当時の東京市内では、高速鉄道と呼べるのは鉄道院の山手線と中央線、それに京浜線があるのみで、しかも東京―品川間は山手線と京浜線が線路を共用していた。これでは不十分であることは当時から誰の目にも明らかであり、その分の輸送需要を市電が肩代わりしていたために第3章でみたような混雑を引き起こしていたのである。

帝国鉄道協会自身は下調書のなかで「郊外ト市内中心地トヲ貫通連絡スル放射的直径路線」の構想を掲げていた。その内容は表5―1に示すとおりであるが、まず既開業の院線電車を延伸するかたちで、市街地を南北に縦断する品川―王子間と、東西に横断する新宿―万世橋―亀《かめ》

表5-1｜東京市内外交通調査会選定「直径放射路線」

	区間	距離(km)	備考
1	品川—上野—王子	16.7	国鉄実施
2	渋谷—六本木溜池—常盤橋—浅草橋—浅草公園—北千住	15.5	
3	新宿—万世橋—亀戸	12.6	国鉄実施
4	池袋—江戸川橋—飯田橋—神田橋—永代橋—越中島	12.7	

出典：『東京市内外ニ亘ル高速交通機関　軌道，道路，運河，築港，公園ニ関スル下調書』(東京市内外交通調査会，1918年)

戸《いど》間を整備し、さらに市街地をX字状に横切るかたちで渋谷—北千住間および池袋—越中島間を建設することとしていた。これらはのちの国鉄京浜東北線および中央・総武緩行《かんこう》線、戦後に帝都高速度交通営団（営団地下鉄）が建設した日比谷線と有楽町線にほぼ重なるといえる。

この時期には、民間からも東京市内に高速鉄道を建設するための免許申請があいついだ。もっとも早い申請は一九〇六（明治三十九）年といわれており、その後もさまざまな計画が立てられたが、一九一九年の東京市区改正条例改正にあわせ、東京地下鉄道（高輪—浅草ほか）および武蔵電気鉄道（目黒—日比谷）、東京高速鉄道（新宿—日比谷—大塚）、東京鉄道（目黒—押上、池袋—洲崎、巣鴨—万世橋）の四社が合計約七二キロの免許を得るにいたった[3]。

これらの計画が、この時点でどの程度郊外路線との連絡を念頭においていたかはわからない。しかし、右記のうち東京地下鉄道は高輪で京浜電気鉄道と接続することを意識していたはずであり、のちには直通運転をも構想するようになる。武蔵電気鉄道はこの時点で目黒から自社の郊外線（のちに目黒蒲田電鉄として開業。現、東急電鉄）を計画しており、直通運転を目指していたと考えてよい。東京高速鉄道の首脳であった利光鶴松《としみつつるまつ》は、この直後に新宿から自社の郊外延長線（のちに小田原急行鉄道として開業）の免許を申請している。東京鉄道については詳細が不明であるが、池袋で東上鉄道（一九一一年開業）および武蔵野鉄道（現、西武池袋線）とそれぞれ接続することになっていた。

だが、このうち実現にいたったのは一九二七年から三四年にかけて浅草—新橋間を開業した東京地下鉄道のみであり、残りの三社は着工しないまま一九二四（大正十三）年に免許を失効した。一九二〇年に発生した恐慌や一九二三年の関東大震災が影響をあたえたとされている[4]。

工政会の高速鉄道計画

関東大震災後の一九二四年には、工政会という技術者の地位向上を目的に発足した団体が『高速度鉄道に就きて』というパンフレットを発行した。技術者の立場から震災復興に関与しようと、高速鉄道の促成を建議したのである。

このパンフレットの二六頁では、神戸高等工業学校(現、神戸大学工学部)の初代校長であった廣田精一《ひろたせいいち》が東京市電による当時の通勤事情について次のように述べている。

朝の出勤はどうしても十時になる、夫も多数の乗客と先を争ふて漸《ようや》く電車に乗つて、釣革に塩鮭の如くブラ下つて運搬されるので、机に向つても直《す》ぐには満足な仕事は出来ない、又帰途も命懸《いのちがけ》で電車内に割込まねば帰られぬと云ふ心配を控へてるので、落付いて仕事を処理し得ず、どうしても正四時には仕事を止める事になる、是《これ》では、昼飯時間を除けば八時間どころか正味五時間勤務に過ぎない、こんな能率の悪い働き振りでは一日に進行し得る仕事は知れたものである。

この数年前まで電機学校(現、東京電機大学)創立者として東京にあった廣田自身がはたしてどれくらい仕事をしていたのかはさておき、彼は、こうしたことがこんにち風にいえばマクロ経済に悪影響をおよぼすと考えていた。廣田は、人口五〇〇万人のニューヨークにおいて電車がスピードアップし、わずか二分であるが往復所要時間を短縮したことにふれ、それでも一人が年間三〇〇回電車を利用するとして合計一〇時間が浮くことになり、その分を労働時間に回せばニューヨーク全体で六二五万日分(一日八時間労働として)の増加になるから、それは富の増加を意味するとして、「帝都百万人の能率増進」のために高速鉄道敷設の必要があると説いた。

帝都復興院で土木局長を務めていた太田圓三《おおたえんぞう》(図5―1)も、同じパンフレットに論文「東京

図5-1｜太田圓三
（伊東市立木下杢太郎記念館蔵）

市の高速鉄道につきて」をよせ、「牛《ぎゅう》歩《ほ》遅《ち》緩《かん》なる運転速度と貧弱なる輸送力は朝夕交通汐時《しおどき》に於て名状すべからざる混乱を来たし、其結果は市民の生活能力を減殺して都市経済を低位ならしめ、ひいては幾多の社会的悪影響を醸成し、来れることは何人も否むことの出来ぬ事実である」と述べた。経済問題に還元させつつ高速鉄道のあり方を論じる方法は、彼も同様であった。

ところで太田は、国鉄を中心にした当時の東京市内の鉄道ネットワークをあまり高く評価していなかった。当時唯一の高速鉄道であった省線電車にしても、もともとは遠距離交通機関として建設されたものを市内高速鉄道に代用したため、都市計画上の理論的な裏づけを欠くとして批判を加えていた。

たとえば東京駅である。同駅を発着する長距離列車は品川・田端の両駅に隣接した車輛基地で仕立てられ、東京駅まで回送されていたが、そのために線路容量が圧迫されている。そもそも人口分布から考えて東京駅に長距離列車を発着させる必要はない。そこで、新橋および上野を東海道および東北両線の終端駅に戻し、東西方向には両国および飯田町をこれにあてて長距離列車のターミナルを分散させ、そうしてあいた線路に市内交通として電車を運転すべきであるというのである。

都市の「偏形的なる発達を矯正《きょうせい》する」ためには、都市計画上の理論に基づいた「理想」的な高速鉄道ルートを設定する必要があるというのが、太田の意見であった。これと同じような見解は当時それなりに見受けられ、鉄道省で次官を務めていた中川正左《なかがわせいさ》さえも一九二三年に同様の意見を発していた。[5]

2 「理想的」な高速鉄道

理論に基づく路線網

都市計画理論に基づく高速鉄道網を主張した太田圓三が参照したのは、次に示すような欧米で提唱された都市高速鉄道の路線配置に関するモデルであった。

図5―2の（一）は、中心から放射状に敷設したもの、（二）は交点をずらして中央駅の混雑を緩和したもの、（三）は中央駅のかわりに小さな環状線を配置したものであるが、太田はこれらすべてを実用にたえないといって退けている。（四）はペーターゼン式といって放射線を市街地で直交させたものであるが、並行路線に移るには一旦都心部に出ねばならず、しかも二回の乗り換えを必要とする点で難があった。これを解決したのが（五）であり、パリの地下鉄に応用されたという。さらに改良を重ねたのがカウァー式と呼ばれる（六）または（七）であり、（八）と（九）はそれらから建設費の高い都心部の路線を少なくしたシンプ式と呼ばれるものであった。[6]ただ、これらは内陸部の都市を前提にしたモデルであり、東京のように海辺に位置する半円または四分の三円状の都市に対応するのは図5―3のような路線網であるとされていた。これらはターナー式といい、原型が（一）で、隣接する放射線同士の乗り換えを便利にしたものが（二）と（三）であった。いずれもペーターゼン式を半分に割ったような形状であり、都心部をI字状に貫通するのではなくU字状にとおるのが特徴であった。

これらを踏まえ太田が作成したのが、図5―4に示す案である。品川―田端の南北縦断線と代々木―両国の東西横断線は既存の省線であるが、そのほかに五反田―上野―押上、目黒―巣鴨、渋谷―新橋―千住、新宿―有楽町―上野―高田馬場、池袋―東京―洲崎の五線を、建設すべき路線としてあげていた。こうしてみると、一部の運転系統は異なるが全体としては先の東

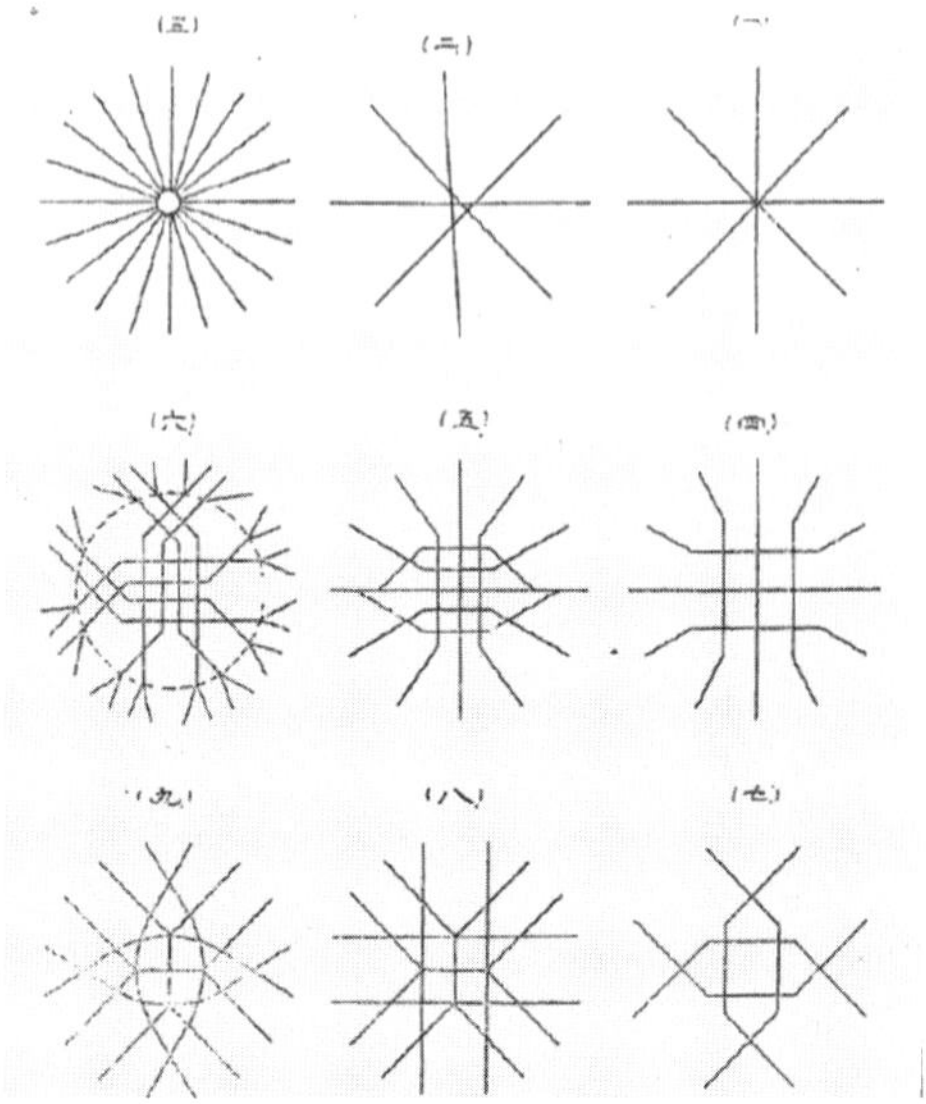

図5-2｜都市高速鉄道の路線配置モデル①
（出典：太田圓三「東京市の高速鉄道につきて」『高速度鉄道に就きて』工政会，1924年。国立国会図書館蔵）

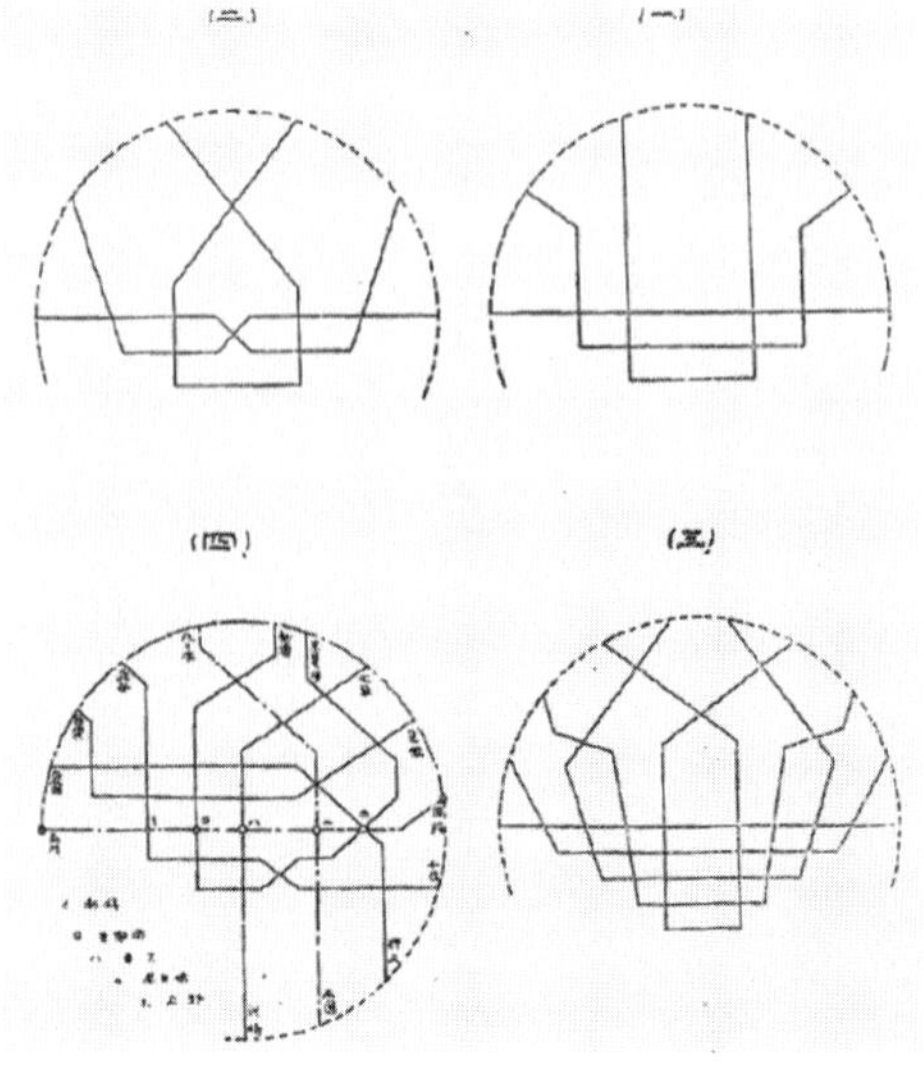

図5-3｜都市高速鉄道の路線配置モデル②
（出典：太田圓三「東京市の高速鉄道につきて」『高速度鉄道に就きて』工政会，1924年。国立国会図書館蔵）

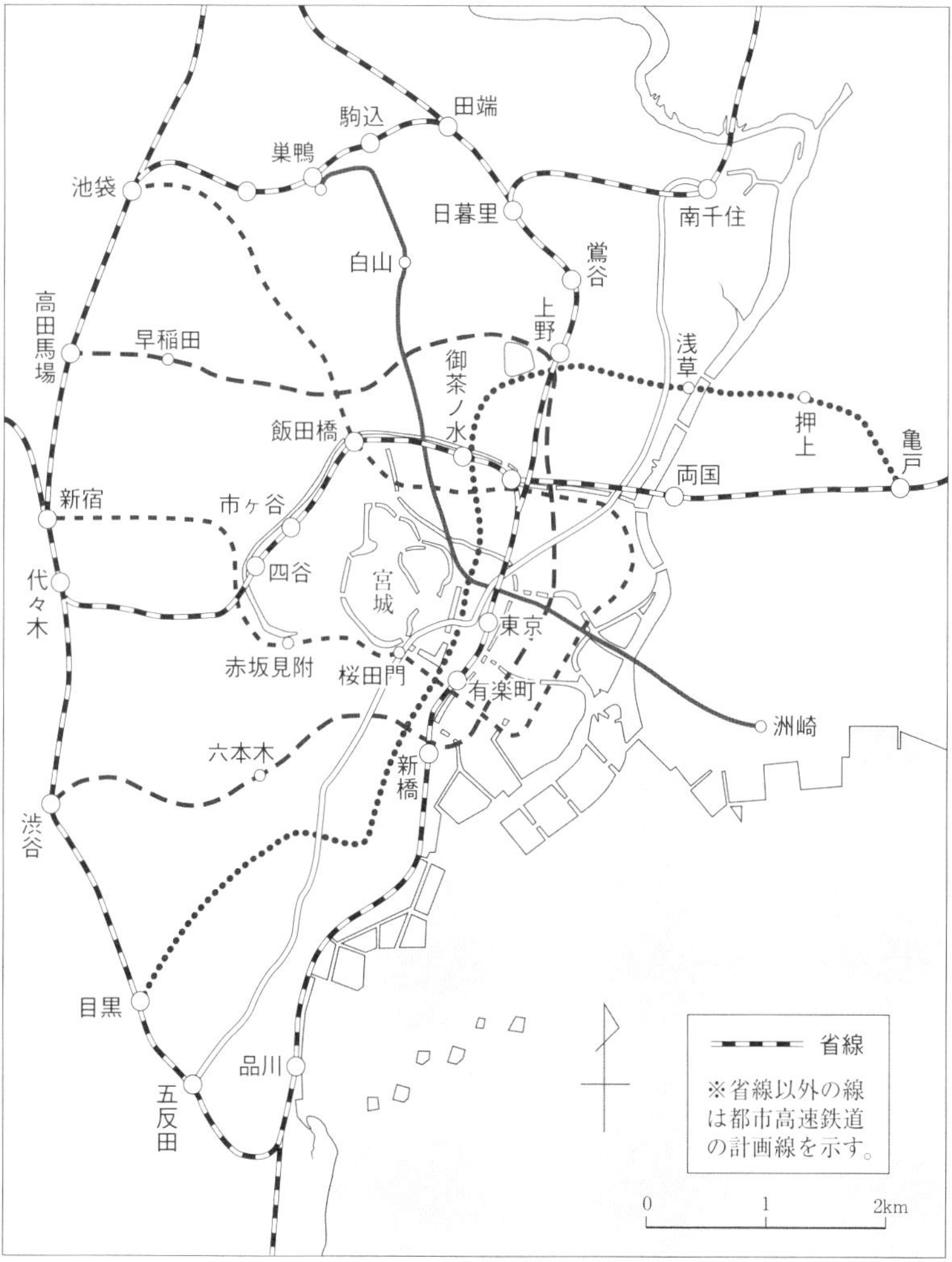

図5-4｜太田圓三による都市高速鉄道の路線配置
（太田圓三「東京市の高速鉄道につきて」〈『高速度鉄道に就きて』工政会，1924年〉より作成。）

表5-2｜改定都市計画高速鉄道網（1925年）

番号	区間	距離（km）
1	五反田―芝公園―新橋―日本橋―万世橋―上野―浅草―押上	16.7
2	目黒―西久保町―祝田町―本石町―浅草橋―田原町―南千住	16.1
3	渋谷―桜田本郷町―東京駅前―万世橋―本郷三丁目―巣鴨	15.4
4	新宿―四谷見附―日比谷―築地―蛎殻町―御徒町―本郷三丁目―竹早町―大塚	20.0
5	池袋―早稲田―飯田橋―一ツ橋―東京―永代橋―洲崎	14.2

出典：『東京地方ノ高速度交通機関ニ関スル調査書』帝国鉄道協会，1941年

京市内外交通調査会の案とそう変わるわけではない。批判したはずの省線電車も活用するなど現実的な側面も備えていた。

工政会や太田による案との関係ははっきりしないが、このあと一九二五（大正十四）年になって震災復興計画の一環で八二・四キロの改定都市計画高速鉄道網が内務省から告示された（表5―2）。着工済みであった東京地下鉄道を除くすべてを東京市が建設・運営する方針がとられたが、東京市は財政難のため着工できないまま時間が過ぎていった。一向に進展しない地下鉄計画に対し、郊外電鉄各社はそれぞれ自力で市内線を建設したいとの意向をつのらせていった。

こうした状況にもかかわらず、東京市はそうした民間の動向には冷淡であった。東京市電気局技術長であった安《あ》倍《べ》邦《くに》衛《え》は、一九三二（昭和七）年に発表した論説のなかで、郊外鉄道の市内乗り入れについては、都市

計画に則ったものでないため認めないという立場を強調した。安倍は「都市計画法の権威」を尊重すべきであるとし、それに基づいた路線と「割込みたる高速鉄道路線」は「融合」できず、結局は「駄足を加へたるに終るのみならず、全般計画の改良又は拡張工事に支障を来すべき厄介物となる」と断じていた。さらに、かつて太田圓三が批判したのと同じ論法で、鉄道省の「新橋と上野駅とを連絡せる市内縦貫高架線敷設の主旨をも容認し難きもの」と批判した。それは「大都市の市内交通施設計画に就ての科学的定説のなかつた当時の企画に属するもの」であるとさえ言い切ったのである。[7]

ただ、これは鉄道省に対して少々酷であろう。すでにみたように、一九一〇年代においては、都市計画的な考え方は日本に定着して間もなく、その影響力も小さくて「大東京」の範囲を決めることさえできなかった。一方で、鉄道省の前身である鉄道院は帝国鉄道協会を通じて手を加えていくべき具体的な範囲を決定したし、その物的根拠として院線電車の整備もはかっていた。いわば都市計画の欠如を鉄道当局とそれに連なる勢力が埋めあわせていたのである。市内高速鉄道についても、都市計画に基づいた計画は東京地下鉄道を除き建設が遅々として進まなかったのに対し、省線電車は一九二五年に山手線で環状運転を開始し、一九三二年には総武線の両国―御茶ノ水間を開業したように、着々と路線網を充実させた。都市計画を支持する立場の人びとには不愉快であったかもしれないが、増加する輸送需要に現実に対応していたのは鉄

図5-5｜有楽町付近の高架橋
手前にみえるのは外堀川で，第二次世界大戦後に埋め立てられた。
（出典：鉄道院東京改良事務所『東京市街高架鉄道建築概要』1914年。土木学会附属土木図書館画像提供）

道省の電車であった。

高架か地下か

安倍邦衛の省線電車に対する批判は、もう一点あった。それは、鉄道省の市内線が高架で建設されていたことである。赤レンガで土台を築いた新橋―上野間（図5―5）や万世橋付近の高架線は、ドイツ人建築家のフランツ・バルツァーによる設計で、ベルリンの高架線に範をとったとされ、こんにちでは産業遺産としての価値も認められている。一九三二年に開業した総武線の両国―御茶ノ水間ではそのさらに上空に高架線を建設し、秋葉原駅付近の御成街道架道橋は地上からの高さが約一四メートルにも達した。

だが、安倍にいわせればこれらの施設も都市計画上の「一大障害物」であった。高架橋は市街地を分断して都市計画の制約要因となるし、大規模な駅を地上に設置すればそれだけ広大な地表の用地が使われることになり、ほかの施設を設ける妨げになるというのである。実は、先に言及した太田圓三も同様の意見をもっていた。都市計画家や彼らを支持する人びとは、高架式よりも地下式を望ましいと考えていたのである。

市内高速鉄道を高架式で建設するか、それとも地下式とするかについては、この時期まで若干の論争があった。民間では東京地下鉄道の実質的な経営トップであった早川徳次《はやかわのりつぐ》が早くから地下式にこだわりをもっていたが、それ以外ではモノレールを含め高架式の高速鉄道を計画する動きもあった。また、先にもふれた東京市内外交通調査会の下調書では、「美的観念ヲ経済的考量ニ先立タシムルハ大ニ戒ムベキ事ナルベシ」(一二三頁)と、地下式ではなく高架式での建設を推奨していた。一九一九年に免許を得た四社のなかにも高架線での建設を検討していたものがあったし、都市計画家の池田宏《いけだひろし》も、一九二三年に発表した論説において基本的には高架式を支持していた。[8]

だが、その後は都市計画家を中心として地下式を支持する意見が優勢となっていった。内務省技師であった内山新之助《うちやましんのすけ》は、一九二五年に行った都市計画の実務者向け講習会で、次のように述べていた。高架式は建設費が安く車内も地下式より快適であるが、都市の景観を破壊し、さらに沿道の騒音がやかましいうえに通風採光にも悪影響をおよぼす。一方、地下式は沿道への影響が小さく、駅やトンネルが防空壕として使えるという利点があるが、工費が高い。両者の一マイルあたり建設費を比べると、高架式は三七〇万円であるのに対し地下式は四〇〇万円である。そして、総合的にみれば都市の中心地においては地下式が高架式に勝ると内山は結論づけた。[9]同年に都市計画決定された改定都市計画高速鉄道網では、高架式でなく地下式での建設が前提とされたとおりである。

ところで、鉄道省はなぜ高架式を採用したのであろうか。直接の理由は一九世紀末の東京市区改正条例によって高架式を採用することが定められたためであったが、それは地表に建設するのは避けるという意味であって、地下式が積極的に排除されたというよりは、初めから選択肢にはいらなかったと考えたほうがよさそうである。国鉄の車輛は比較的車体が大きく、しかも路面に設置された第三軌条からではなく架空線から集電する方式であったから、仮に地下鉄を建設するとトンネル断面が大きくなり、建設費の高騰につながる。当時であればそのような大断面トンネルの掘削には技術的な困難もともなったであろう。第二次世界大戦後になれば国鉄の電車を地下鉄に直通させるため大断面のトンネルを掘るようになるし、国鉄自身も一九七二年と七六年に分けて品川—錦糸町間に地下線を開業するのであるが、当時はまだ非現実的であった。

都市交通機関の重層性

当時、日本の高速鉄道関係者は盛んに欧米諸都市を視察していた。ロンドン・パリ・ベルリン・ニューヨーク・シカゴなどでは二〇世紀の初頭までに高速鉄道と呼べる都市交通機関を備えるようになっていたが、それらは日本の関係者にとって範となる存在であった。

とくに大きな影響を受けたのは、ドイツであった。鉄道省が新橋—上野間などで採用した赤レンガによる高架線は、ベルリン市内を走るSバーン(図5—6)の高架線にそっくりであることが知られている。また、東京地下鉄道はトンネルの工法などでベルリンのUバーン(図5—7)に範をとっており、ついでに黄色の車体色までならったようである。

ところでベルリンのSバーンとUバーンは、同じ高速鉄道といってもやや性質が異なる。Sバーンは基本的に国鉄(現在は民営化されたドイツ鉄道株式会社＝DB)が運行し、車体などの規格も国鉄に準じている。ベルリンのSバーンは集電にUバーンと同じような第三軌条式を採用しているためやや特殊であるが、これは例外であってドイツ各都市のSバーンは基本的には一般的なDBの車輌がDBの路線を走っている。「S」の文字はSchnellbahnすなわち「高速鉄道」に由来する。これに対し、UバーンはUntergrundbahnつまり地下鉄という意味であるが、実際には地下だけとは限らず高架線も併用して市街地を自在にぬって走る。駅間距離は一般的にSバーンより短い。急カーブに対応するため車体は小ぶりであり、集電もトンネル断面を小さくするため第三軌条によっている。Sバーンとは規格が異なるため直通は原則としてできない、というより想定されていない。

要するに、Sバーンが大量輸送機関であるのに対しUバーンは中量輸送機関とでもいうべきものであり、別種の交通機関なのである。これに路面電車またはバスを加えて三層構造をとっているのが、ベルリンをはじめドイツの大都市交通であるといえる。Sバーン・Uバーンの区別はウィーンやコペンハーゲンにもみられるし(ただしコペンハーゲンではUバーンとは呼ばない)、パリにおけるRERとメトロ、ロンドンにおけるサーフェスとチューブなども似たような関係といえるであろう。

こうした欧州大都市交通の重層構造を、当時の日本人関係者がどの程度意識していたのかはわからない。ただ、先にあげた安倍邦衛や太田圓三による省線電車への批判は、Uバーン的なものを前提とする立場からSバーン的なものを批判していたことになるとはいえないだろうか。本来、両者は相互補完的な関係に立つものであり、どちらか一方を選択してもう一方を排除す

図5-6｜ベルリンのSバーン(S3号線)
列車の手前に写る第3軌条から集電するが，基本的にはDBの列車に準ずる規格である。(Wuhlheide駅にて，2018年4月3日筆者撮影)

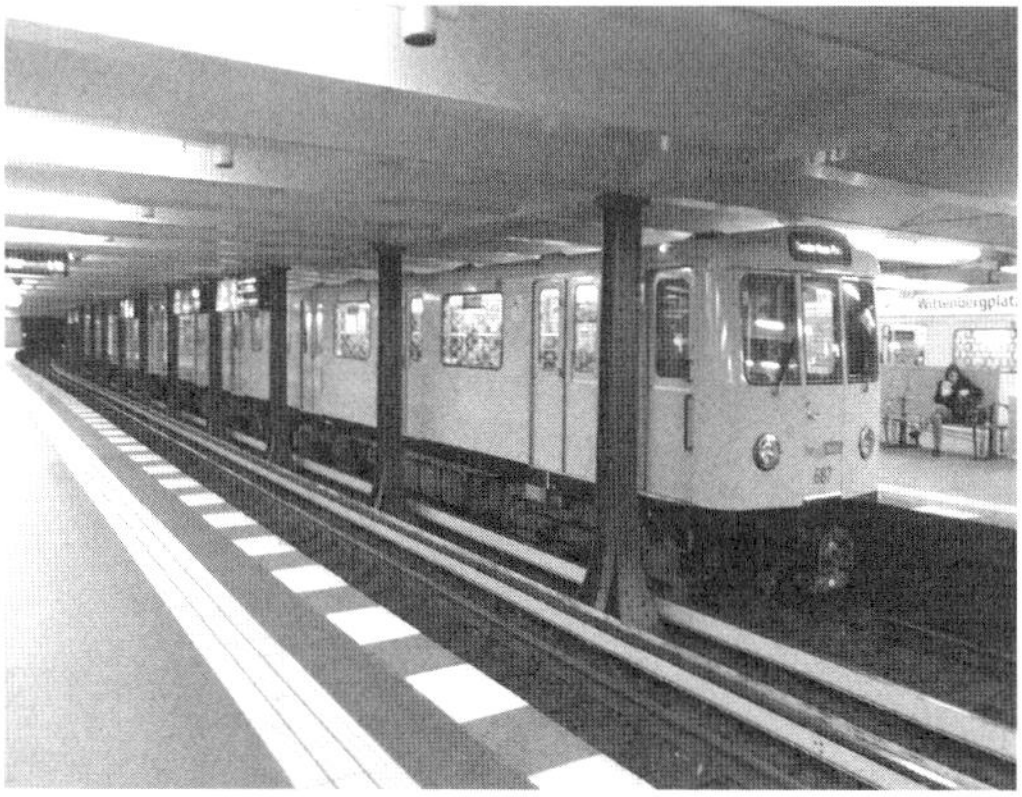

図5-7｜ベルリンのUバーン
Sバーンと異なり中量輸送機関とでもいうべきものである。(Wittennbergplatz駅にて，2018年4月4日筆者撮影)

るようなものではない。それにもかかわらずこうした批判がなされたのは、両者に「高速鉄道」という一つの訳語しかあてなかったことに起因していたのではないかと思われる。

3 「万里の長城」山手線

「帝都の血脈」

一九二八(昭和三)年に東京市役所が発行した『東京市郊外に於ける交通機関の発達と人口の増加』もまた、都市計画の観点から作成された調査資料の一つであった。特徴的なのは郊外における人口増加を受け、郊外交通機関の整備を意識していた点であった。

この時期までは、郊外交通の整備について都市計画的な観点から論じられることはあまりなかった。先ほどからたびたび言及してきた一九一八(大正七)年の東京市内外交通調査会の下調書は、院線電車を基礎に「大東京」の範囲を策定したが、そのほかの私鉄についてはほとんど論じておらず、非電化の私鉄や市街電車がそのまま郊外に延びたような電気軌道についてわずかにふれ、発車回数や速度の点で不足があるので設備を「改善」して高速鉄道につくりかえるべきと指摘した程度だった。また、一九二五年に決定された改定都市計画高速鉄道網も、郊外は対象範囲としていなかった。

しかし、この間にも郊外の市街地化は進んでいき、やがて市内交通と郊外交通の双方を都市計画の観点から一体的にとらえる機運が高まっていった。『東京市郊外に於ける交通機関の発達と人口の増加』四八頁には次のような記述がある。

現今に於ては市の内外を分《わか》たす東京都市計画区域内の移動的交通機関の根幹を為すものは、鉄道及軌道てあつて、乗合自動車は之か有力なる補助機関たるの役割を担当するものてある。然して乗合馬車及乗合蒸気船も亦《また》微力なから之に参画して帝都の血脈たる一大交通系統を構成して居るのてある。

ここで着目したいのは、「帝都の血脈たる一大交通系統」という表現である。これは、帝都東京を身体、交通網を血管、移動する人びとを血液にそれぞれたとえ、人びとの移動をとおして「大東京」が維持されるという理解である。これは学校などで習う社会契約説とは反対の社会有機体説という考え方に近いもので、社会というのは部分(個人)が先にありそれら相互の契約によって成立するのではなく、まず社会という全体が存在し、部分はそれに奉仕するものとして位置づけられるという思想である。

このように書くと第二次世界大戦期の全体主義などを連想するかもしれない。しかし、こうした発想は今でも根強く、たとえば経済学などを学ぶと「お金は社会の血液で、それを活発に循環させることが社会(=身体)を活性化させる」などといった説明をしばしば耳にする。よくも悪くも我々になじみ深い発想なのである。そして、このように社会を捉えることは、設計主義的な社会技術としての計画や政策を正当化するのに適していたともいえよう。

こうして、「大東京」の範囲全体にわたる交通計画を議論する土壌が整っていった。ただ、『東京市郊外に於ける交通機関の発達と人口の増加』がただちに新たな交通網の計画を提示したわけではない。同書は、そのための前段階の作業として、人口の動向など基礎的なデータを整理するにとどまっていた。東京の旧市内および郊外の交通機関を総合的にコントロールすることを、当時「交通調整」とか「交通統制」と呼んだが、それが実際に行われるようになるのは一九三八年に陸上交通事業調整法が公布・施行されて以降であった。

交通調整については第6章で詳しく述べることとして、ここではその帰結だけを述べておこう。それは、しばしばいわれたように山手線が「万里の長城」となったことである。これは、市内交通と郊外交通の結節点が山手線の駅におかれ、省線電車を除く郊外電鉄各社はその内側へ乗り入れないことを称したいい方で、杉本義則という人物が一九三八年に用いた。[10]「帝都の血脈」という表現に照らせば血液の流れはおおいに妨げられるようであるが、なぜこのようなことになったのであろうか。

東京市電の郊外延伸問題

さていま、「市内交通」と「郊外交通」という言葉を使ったが、このような表現をするとき、一般的には前者が市電や地下鉄、後者が国鉄各線や郊外電鉄を指すことになっている。だが、厳密にいえばこれらは正しい言葉使いではない。なぜならば、渋谷・新宿・池袋という山手線上におかれた代表的なターミナルはいずれも東京市域拡張が行われた一九三二年まで東京市の外に位置しており、本来の市域の境界は山手線の内側にあったからである。逆に、東側では京成電気軌道と山手線の結節点であった日暮里あるいは上野は東京市内の中心部に位置していて、市域の境界はより東側であった。

「市内交通」と「郊外交通」の区別は要するに交通モードとしての区別であり、実際の市内外の境界からは、ずれていた。たとえば京成電気軌道は一九三一年から三三年にかけて青砥―上野公園(現、京成上野)間を開業して東京市内の奥深くに乗り入れたのであるが、その区間は「市内交通」とはみなされなかったのである。しかし、ここでは言葉使いの不正確さを非難したいわけではない。「市内」と「郊外」の実質的な境界が、実際の市内と市外の境界ではなく山手線へと移っていったこと、それ自体に注目したいのである。

もともと、東京市電の営業範囲は文字どおり市内に限るのが原則であった。とくに東京市の西南部は山手線の内側に市と郡との境界があったから、郊外電鉄と市電が接続する場合は、郊外路線の側が山手線を越えて郡部と市域の境界まで達し、市電と接続するのが普通であった。

たとえば京浜電気鉄道は高輪で、玉川電気鉄道(図5—8)は広尾天現寺橋で、京王電気軌道(図5—9)は新宿追分で、それぞれ市電と接続しており、山手線が境界になっていたわけではなかったのである。市電の側に市域を越えて山手線に接続する動きがなかったわけではない。たとえば市外であった渋谷駅には一九一一年に達していた。ほかにも巣鴨方面については一九一二年に小石川の郡市境界から山手線巣鴨駅近傍の巣鴨橋まで延伸したし、目黒方面についても一九一四年に郡市境界を越えて目黒駅前まで達している。しかし、東京市電である以上、営業範囲は市域内に限るというのが原則であって、五反田や池袋方面については市郡境界までしか線路が達せず、山手線との連絡は実現していなかった。

新宿では一九〇三(明治三十六)年に東京市街鉄道が市域を越えて路線を敷設し山手線の新宿駅東口に達していた。新宿は明治期より市街地化が顕著であり、一九二〇年には内藤新宿町の全域が東京市に編入されたのであるが、豊多摩郡淀橋町に立地していた新宿駅はなおも市外の

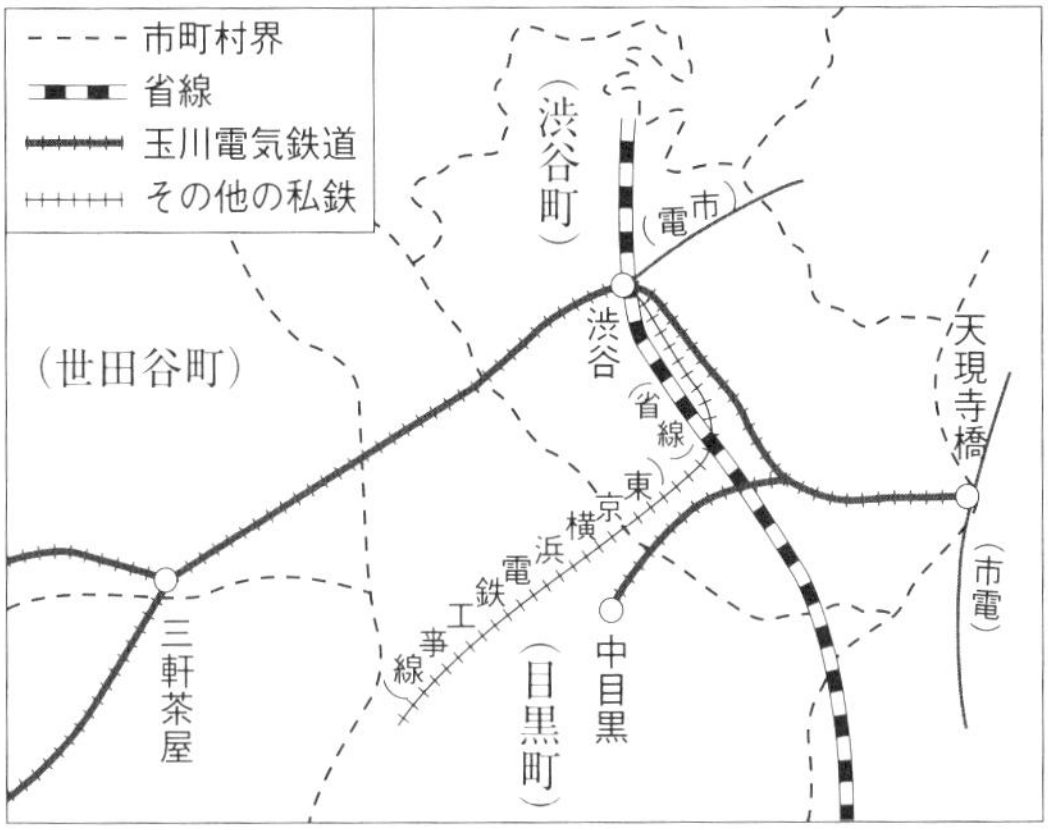

図5-8｜玉川電気鉄道路線図（1927年7月1日現在。『東京市郊外に於ける交通機関の発達と人口の増加』〈東京市役所，1928年〉より作成。）

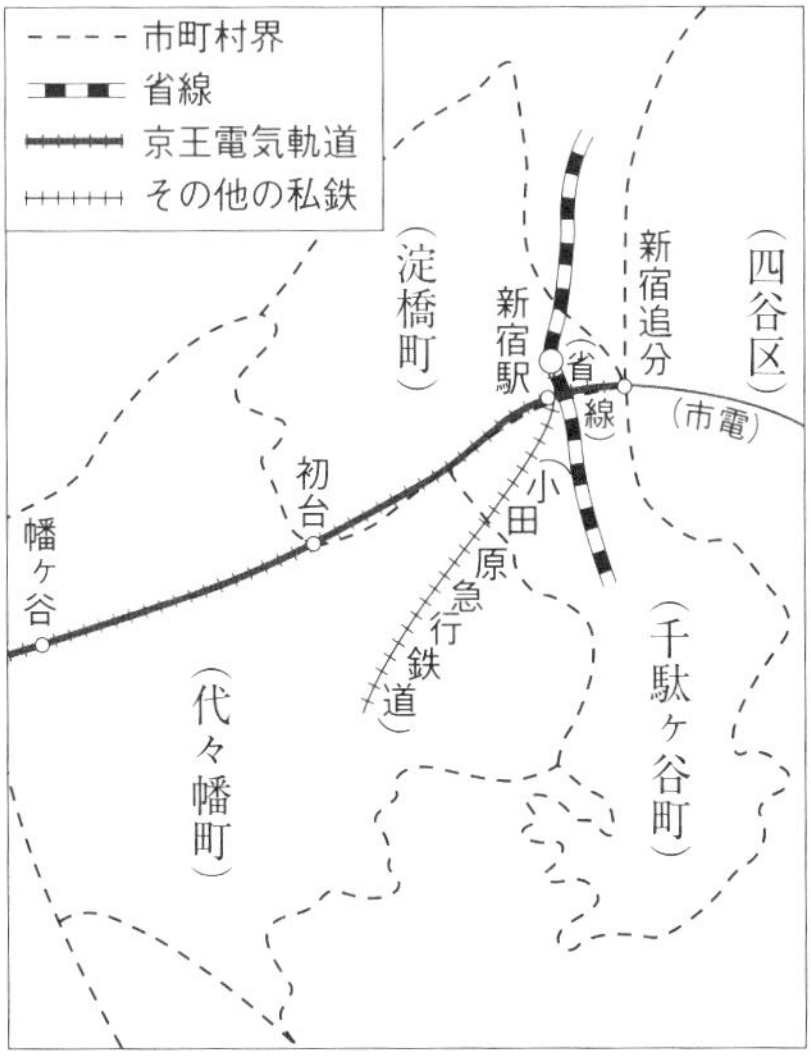

図5-9｜京王電気軌道路線図（1927年7月1日現在。『東京市郊外に於ける交通機関の発達と人口の増加』〈東京市役所，1928年〉より作成。）

ままであった。東京市は新宿駅および山手線の内側の地域をも市に編入したいとの意向をもっていたのであるが、実現しなかったのである。

市外に立地する山手線駅まで市電が延伸できないのも、実質的には市内といってよい新宿駅を市に編入できないのも、山手線が市内外の境界として機能していた実態にもかかわらず、制度がそれに追いついていないという点では、同じであった。

「万里の長城」の形成

内藤新宿町全域の市域編入が実現したのと同じ一九二〇年、内務省の都市計画家を中心とするグループであった都市研究会は「帝都交通機関改善要綱」を内務・鉄道・逓信各大臣および東京市長らに対して提出した。そこに含まれていた内容の一つが、市電の終点を郡市境界線外に延長して郡市の連絡をはかることであった。同会理事であった渡辺鉄蔵《わたなべてつぞう》によれば、それまではわずかの距離でも市電を郡部に敷設することを避けていた感があったが、「余り細かいことを考へずに、お互の便利の為に郡市境界線外に延長して郡市の連絡を図ることが必要」とされたのである。正確には、すでにみたとおり郡部へ市電を延伸した例も皆無ではなかったが、ともかく市電を市域外に延長することが理論的に正当化された[11]。

都市計画官僚のトップエリートたちによるこの提案は受け入れられ、一九二五年には大塚駅前まで、一九三三年には五反田駅前まで、一九三九年には池袋駅前まで市電が延伸され、山手線および郊外電鉄との連絡がはかられた。本当はさらに郊外へ延伸したいとの意向ももっていたのであるが、財源不足のため不可能であった。東京市電気局の立石信郎《たていしのぶろう》は一九三二年に「新規軌道の設立は之を将来に譲り、先づ大体に於いて現市と新市とを連絡すべき軌道の既特許線並に出願路線中の比較的重要なるものより順次完成したい」と述べたが、それは市電の建設範囲を山手線の駅までに限るという意味であった[12]。

すでに述べたように東京市は地下鉄を経営する意向も強くもっており、一九二五年には都市計画決定を後ろ盾に市営地下鉄の免許を得ていた。この計画でも、西南郊においては市電と同様に市域を越え、山手線駅を終端としていた。理想は山手線駅を越えてさらに郊外まで建設することであったが、市電の延伸すらままならない財政状況では現実味のない話であった。

では、郊外電鉄との相互乗り入れに舵《かじ》を切るのかというと、東京市はそれにも消極的であった。その理由について、先ほどもあげた東京市電気局の安倍邦衛は一九三二年の論考で規格の違いをあげていた。地下鉄と郊外電鉄ではトンネルの断面も集電方式も異なるし、車体の規格や軌間も異なるというのであった。

たしかに郊外電鉄が架空線集電であったのに対し地下鉄はトンネル断面を小さくするため第三軌条式が一般的であった。「車体の規格」というのは、大きさよりもむしろ難燃性を確保するための構造の相違を指したものと思われる。郊外電鉄の多くが車内に木材を使用した半鋼製車体を用いていたのに対し、開業済みの東京地下鉄道では車体重量が増加するのも厭《いと》わず木材を一切用いない全鋼製車体を採用していたから、東京市もこれにならうつもりだったのであろう。軌間は、郊外電鉄の多くが一〇六七ミリまたは一三七二ミリであったのに対し、東京地下鉄道は一四三五ミリを採用していた。

このような事柄を理由として、安倍は「外郊部の列車運転は外廓《がいかく》地の適当なるところで打切り、此処に都心部各方面への交通を分類して、各々目的地への高速鉄道に寄らしむることが最も有効なる運輸方法」であると結論したのである[13]。実は戦後になるとこれらの技術的障壁はすべてクリアされるのであるが、この時点では一応もっともな言い分であった。こうして、地下鉄計画のうえでも山手線が市内外の境界となっていった。

だが、すでに述べたように東京市はこれらの計画路線を一つも着工できなかった。郊外電鉄各社からは、市が建設できないならば免許を譲渡してほしいとの働きかけが行われ、市会はやむを得ず一九三二年に民間への免許譲渡を決議した。そのための一部路線の受け皿として一九三四年に東京高速鉄道が設立されたのである。同社は、東京市による将来的な買収を認めるな

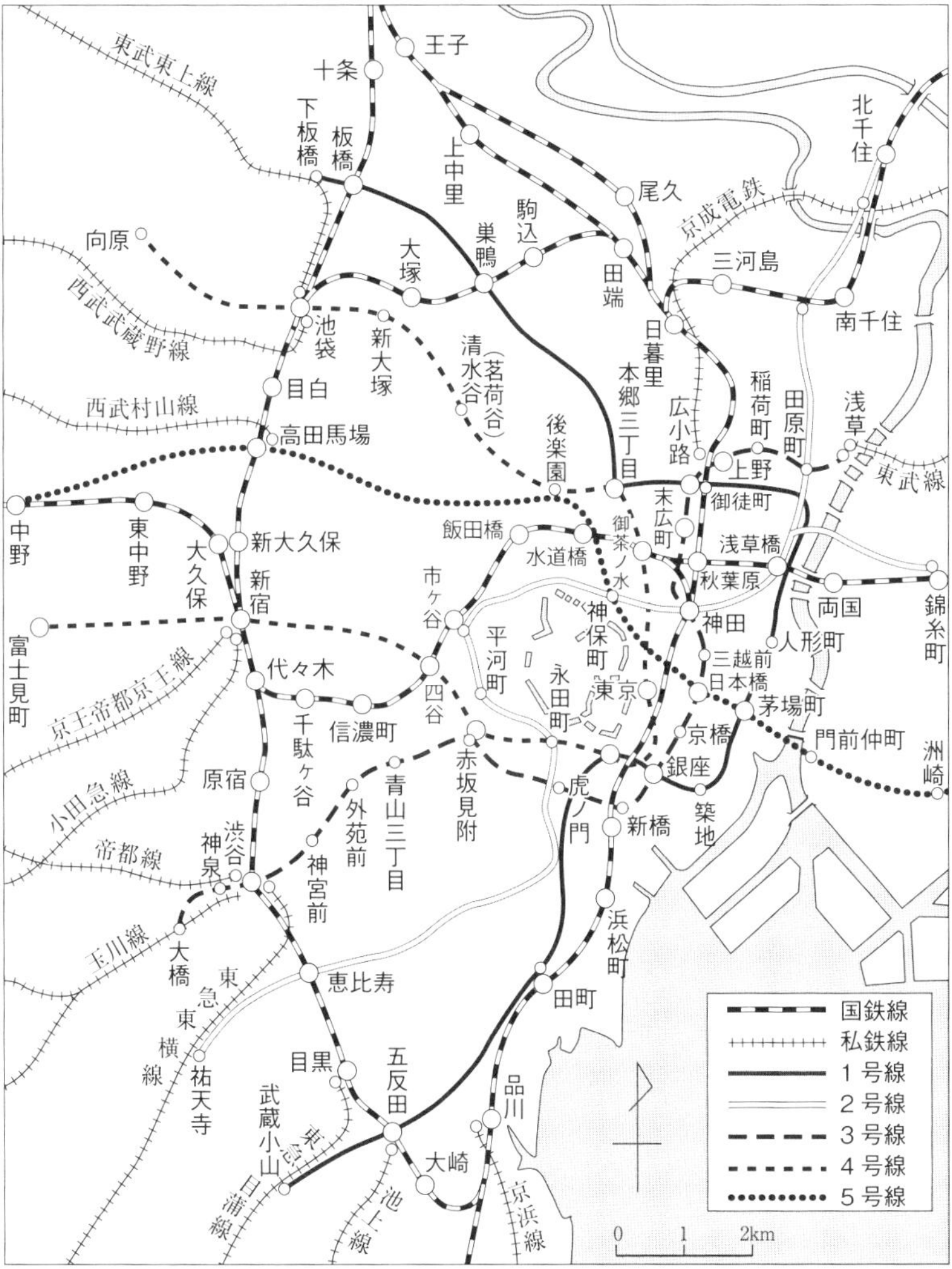

図5-10｜戦災復興計画における高速鉄道の路線計画
この時点で，3号線の浅草－渋谷間および4号線の池袋－御茶ノ水間が開業していた。（鈴木清秀『交通調整の実際』〈交通経済社，1954年〉より作成。）

どいくつかの厳しい条件をのみ、一九三八年から翌年にかけて渋谷―新橋間を開業した。これが東京で開業した二番目にして戦前最後の地下鉄となった。

その後、一九四一年になって特殊法人の帝都高速度交通営団が設立され、東京高速鉄道は先行する東京地下鉄道とともに事業を同営団に継承した。この間、陸上交通事業調整法によって地域別に事業者間のすみ分けが決定され、山手線内の地下鉄は営団が一元的に担うものとされていた。郊外からの都心乗り入れを望んでいた私鉄各社にとって、「万里の長城」が強化された格好となったのである。

一九四六年に戦災復興都市計画で一〇一・八キロの地下鉄網が計画され(図5―10)、一九四九年になって同営団がこれらの免許を取得した際も、山手線外に路線を延伸する場合には改めて免許を申請することとされた。ただし、この「壁」は案外低かったようで、営団地下鉄が戦後に建設した路線の一部は山手線の外側へ延びて、やや郊外の駅で国鉄・私鉄各線と連絡するようになる。

1　渡辺俊一『「都市計画」の誕生――国際比較からみた日本近代都市計画』(柏書房、一九九三年)
2　鈴木勇一郎『近代史研究叢書7　近代日本の大都市形成』(岩田書院、二〇〇四年)
3　鈴木清秀『交通調整の実際』(交通経済社、一九五四年)

4　『都市公論』第七巻九号(都市研究会、一九二四年)
5　中川正左「鉄道より見たる帝都復興計画」『都市公論』第六巻一一号(都市研究会、一九二三年)
6　『高速度鉄道に就きて』(工政会、一九二四年)
7　安倍邦衛「大東京の高速鉄道網に就て」『都市公論』第一五巻一〇号(都市研究会、一九三二年)
8　池田宏「刻下の交通運輸問題管見」『都市公論』第六巻二号(都市研究会、一九二三年)
9　内山新之助「都市高速交通機関」『都市計画講習録全集　第三巻』(都市研究会、一九二五年)
10　杉本義則「東京地方に於ける交通統制の具体的方策」帝国鉄道協会編『交通統制に関する当選論文集』(一九三八年)
11　渡辺鉄蔵「帝都交通機関の改善に就て」『都市公論』第三巻六号(都市研究会、一九二〇年)
12　立石信郎「市域拡張に伴ふ交通問題に就て」『都市公論』第一五巻一〇号(都市研究会、一九三二年)
13　前注7

第6章
技術としての交通調整

1 均質な都市空間の創出

鉄軌道の高速電車化

第5章では、東京都市計画区域を人間の身体に、交通機関をその「血脈」にたとえる発想が登場したことを紹介したが、こうした考え方が登場した背景には鉄軌道の建設の進展があった。国有鉄道についてもすでに第5章で示したが、それ以外に民間資本による私鉄の建設もめざましいものであった。

図6―1は、東京都市計画区域における私鉄の営業キロを示したものである。一九二七(昭和二)年に開業した東京横浜電鉄や一九三八年に開業した帝都電鉄の分が反映されていないが、それでもこの時点までに国鉄・私鉄あわせて総延長三〇〇キロに迫る勢いであった。その内訳および国鉄と東京市電も示したのが表6―1である。ここから一つの傾向を読み取ることが可能である。つまり、一九一〇年代までは、いずれの路線も電気軌道または蒸気鉄道の形態で開業しているのに対し、一九二〇年代以降はすべて電気鉄道として開業したという点である。

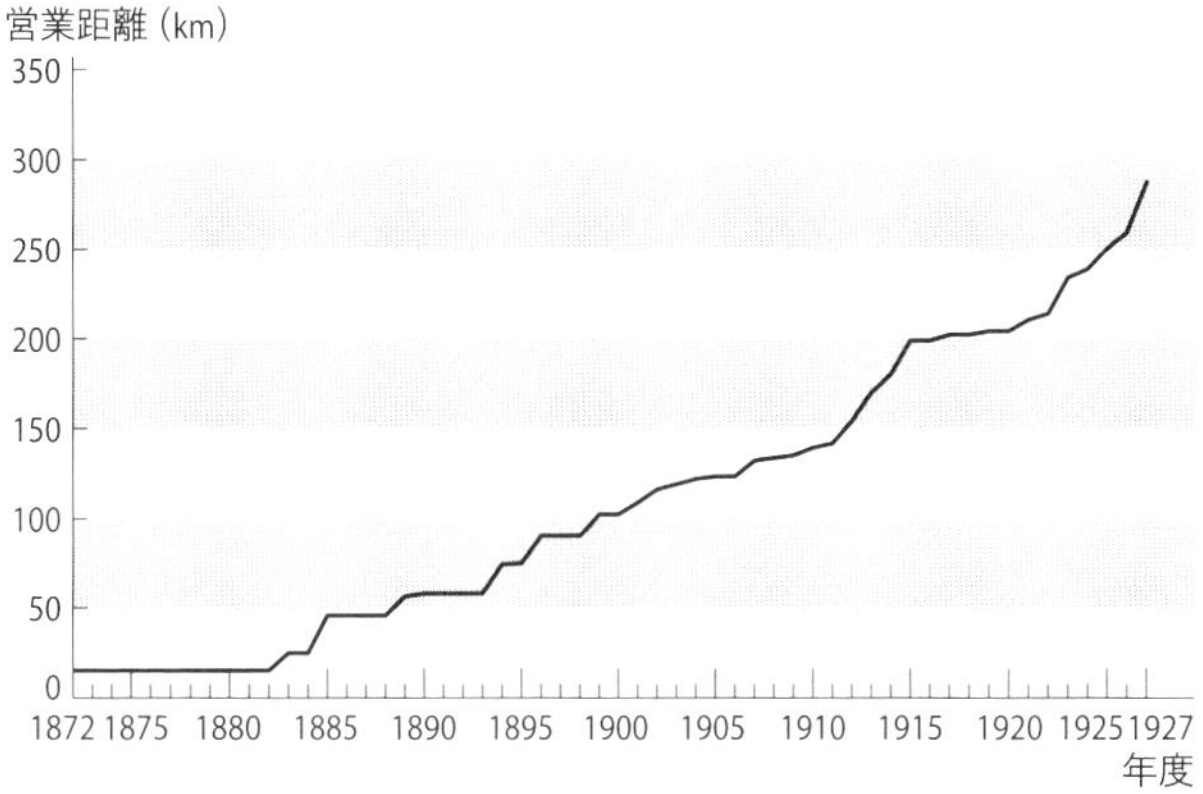

図6-1｜東京都市計画区域内の私鉄営業距離
（出典：『東京市郊外に於ける交通機関の発達と人口の増加』東京市，1928年）

表6-1｜東京都市計画区域内鉄道軌道（1927年7月1日現在）

事業社名	路線延長(km)		最初の開業年月	開業時形態
	総延長	都市計画区域内		
京浜電気鉄道	28.3	11.9	1899.1	電軌
東武鉄道	240.8	28.1	1899.8	蒸鉄
玉川電気鉄道	20.3	20.3	1907.3	電軌
王子電気軌道	12.0	12.0	1911.8	電軌
京成電気軌道	70.8	12.2	1912.11	電軌
京王電気軌道	39.0	11.7	1913.4	電軌
武蔵野鉄道	43.8	14.0	1915.4	蒸鉄
城東電気軌道	10.6	10.6	1917.12	電軌
池上電気鉄道	5.3	5.3	1922.1	電鉄
西武鉄道	75.4	19.5	1922.11	電鉄
目黒蒲田電鉄	13.1	13.1	1923.3	電鉄
小田原急行鉄道	82.1	12.3	1927.4	電鉄
私鉄計	643.4	173.1		
（国有鉄道）	—	111.4		
（東京市電気局）	—	157.4		
総計		443.3		

出典：『東京市内外に於ける交通機関の発達と人口の増加』東京市，1928年
注：数値は原資料を1哩＝1.6kmで換算しているため，「総計」は個々の数値の合計と異なる。

一九一〇年代までに開業した電気軌道は軌道条例(のち軌道法)に準拠して建設された。原則として道路上に建設され、運転速度も低くおさえられていた。第2章・第3章で扱った市街電車もここに含まれるが、それだけでなく京浜電気鉄道・京王電気軌道・京成電気軌道などのように、郊外路線のなかにも軌道条例・軌道法によるものが存在した。一方、蒸気鉄道は私設鉄道法または軽便鉄道法(のちに両者を統合して地方鉄道法)に準拠し、国鉄と同様に中長距離の列車を運転することを想定していた。東武鉄道がその典型で、武蔵野鉄道(現、西武池袋線)も同様であった。

これらは、一九二〇年代にはいると設備を改良して高速鉄道化を進めていった。たとえば京王電気軌道では、一九二二(大正十一)年にボギー車二二両のブレーキを手用制動機からブレーキ力の強い空気制動機に改造し高速運転に対応させるとともに、開業以来の単車の大部分を淘汰《とうた》した。施設面においても複線化、重軌条化(一メートルあたり五〇ポンド〈約二三キロ〉を六〇ポンド〈約二七キロ〉に変更)、勾配《こうばい》変更などを実施した。また、一九二五年に「鉄道」として開業した子会社の玉南電気鉄道(府中―八王子間)を一九二七年に合併し、両者を直通運転させるべく大規模な設備投資を行った。大型の玉南電鉄車輛を直通運転させるため軌道中心間を拡大するとともに重軌条化をさらに進め、架線の吊下方式も従来のトロリー式(直接吊架式)からより高速での走行に対応したカテナリー式に改めた(図6―2)。また、全線にわたり閉塞《へいそく》信

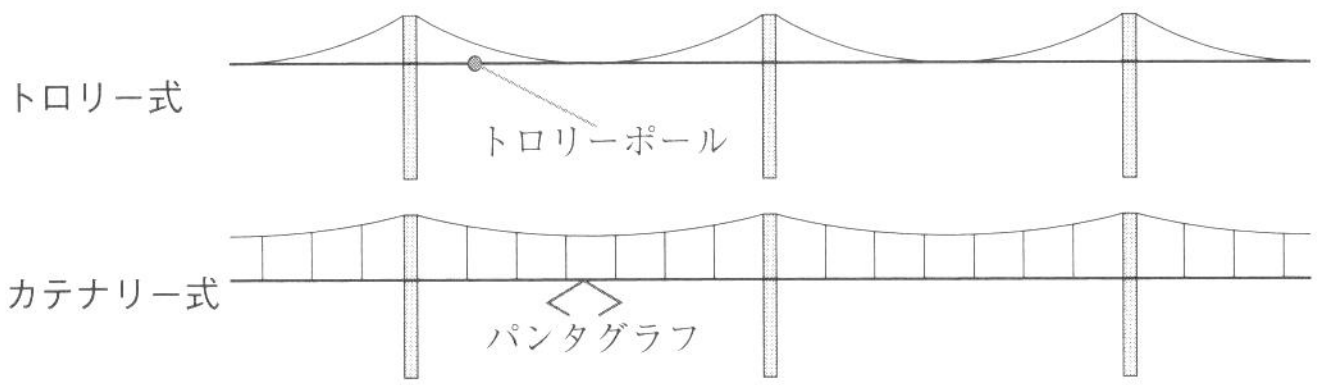

図6-2｜架線の吊下方式

号も取り入れた。これは、線路に一定間隔で信号機を設置して「閉塞区間」を設定し、ある閉塞区間のなかに列車が進入するとその区間の入り口の信号機が赤になり後続列車の進入を禁止するという仕組みである。それまでは目視で列車の衝突を防止していたが、高速で運転する列車では不十分なためこのような仕組みを導入したのである。さらに、甲州街道上に線路を敷設していた仙川―調布間では新設軌道の敷地を確保して線路を移設するといった工事も行った。[1]京浜電気鉄道や京成電気軌道でも、類似の取り組みを行った。

　一九一五年に一日わずか八往復の汽車鉄道として開業した武蔵野鉄道は、一九二二年に池袋―所沢間を電化し、一九二五年には飯能まで電化した。一九二八年には池袋―練馬間の複線化を実施し、翌年には保谷まで複線化した。こうして、昭和初期には池袋―練馬間で七分半間隔、池袋―保谷間で一五分間隔での運転を行うようになった。また、川越(本川越)―国分寺間を結ぶ蒸気鉄道であった川越鉄道は、西武鉄道と社名を改めたのち一九二七年に東村山―田無―高田馬場間二三・七キロを電気鉄道として開業するとともに川越―東村山間も電化した。

これらはこんにちの西武鉄道池袋線と新宿線であるが、両者とも国鉄に接続して局地的な輸送を担う蒸気鉄道として開業した路線から都市近郊の輸送を担う高速電車に衣替えした事例といえる。[2] ほかには東武鉄道がこうした取り組みを行った。

これに対し、池上電気鉄道・目黒蒲田電鉄・小田原急行鉄道などの各社は、最初から専用の軌道敷地を備えた電気鉄道、つまり高速鉄道として開業した。実際には駅間距離や運行速度などが「軌道」に近い場合もあったが、少なくとも法令を根拠にそれらが制限されることはなかったのである。一九一八年にそれまでの私設鉄道法と軽便鉄道法とが統合されるかたちで地方鉄道法が公布・施行されたように、法の整備が進んでいたことも背景にあった。

このようにして、両大戦間期には東京から郊外の各方面へと延びる私鉄の大部分が高速鉄道となった。これらは、すでに高速鉄道としての体裁を整えていた省線電車とあいまって、拡大する都市の通勤・通学輸送を支えることとなった。

郊外の宅地化と土地整理

両大戦間期の大都市圏で郊外電鉄の発達とともに市街地開発が活発化したことは、これまで

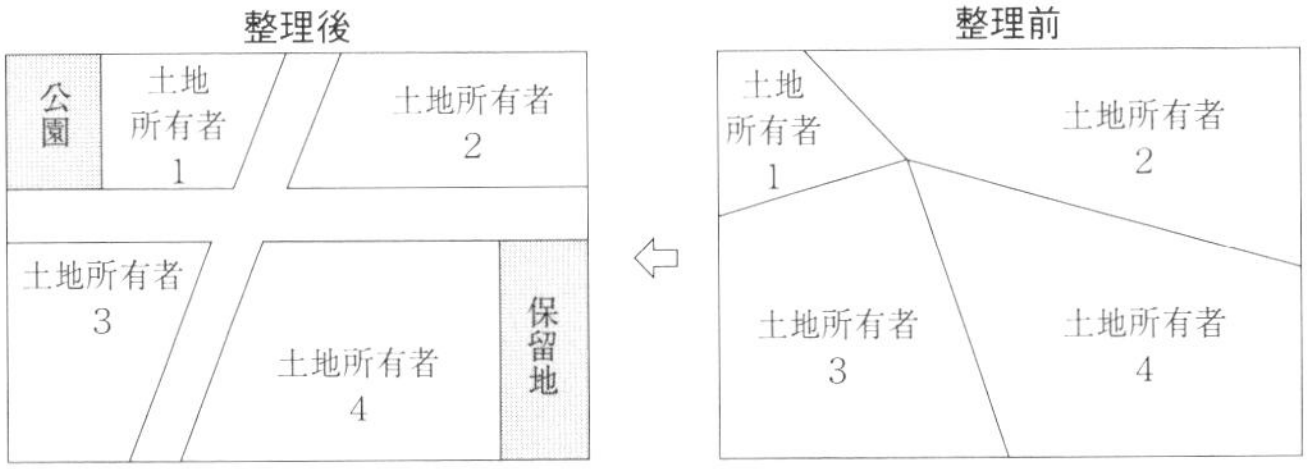

図6-3｜土地整理の概念図
(岩見良太郎『土地区画整理の研究』〈自治体研究社，1978年〉より作成。)

も色々なところで指摘されており、多くの場合はそれを電鉄会社による不動産事業の展開として捉えてきた。だが、電鉄会社とて無人の荒野に路線を敷き宅地開発を行ったわけではない。東京市に隣接した地域は、大消費地である東京に蔬菜《そさい》類などの商品作物を供給する近郊農村地帯であり、そこには鉄道が開業する前からの人びとの暮らしが存在していた。電鉄会社は、これらの地域社会にいわば食い込むかたちで、鉄道を敷き宅地開発を進めていったのである。

　この場合、単純に土地を買収するだけではすぐに地主たちの値段つり上げにあってしまう。初期には鉄道計画を隠してこっそりと買収する方法もとられたが、これとて繰り返し使える方法ではなかった。では、どうするのか。結論からいえば、土地所有者たちが土地開発のために結成する耕地整理組合や土地区画整理組合に電鉄会社も加入して、彼らと開発利益を分けあう方法がもっとも多くとられたのである。

　耕地整理や土地区画整理(土地整理)とは、たとえば道幅が狭く境界線も入り組んでいるような土地に複数の所有者がいる場合、共同で組合を結成して道を拡幅し、区画を方形状に整備して、さらに公園のような公共スペースも整備することで宅地開発に適した土地とする事業のことである(図6―3)。費用は共同で一定量の土地(保留地)を確保し、それを売却してまかなった。道路拡幅や保留地提供で面積が減ることを減歩というが、それは従前の持ち分を踏まえて按分《あんぶん》され、不均等が生じた場合は金銭で清算した。

そもそも地主たちがこうした組合を結成したのは、電鉄会社をはじめとするディベロッパーの進出に対抗するためであった。しかし、現実には保留地を売却して宅地の整備費用を捻出《ねんしゅつ》したり、区画整理後の土地を運用して利益を得たりすることは、そう簡単ではなかった。組合には保留地が売れるまで土地を持ち抱えられる資金力がなかったし、販売のノウハウもなかった。そこで、多少割安でも開発業者にまとめて土地を売り、資金繰りの見通しをよくするという方法がとられるようになった。開発業者と組合は、こうして利害の一致をみたのである。

東京都市計画区域内で土地整理が行われた場所を示したのが図6―4である。一九三八年三月末までに東京市内で着手された土地整理は二七一件で、面積は一万三〇〇〇町歩(一町＝三〇〇〇歩〈坪〉＝一ヘクタール＝一万平方メートル)以上であった。現在の大田区・世田谷区・杉並区といった西部の地域でとくに盛んであったことがわかる。隅田川周辺でも行われていたが、これは関東大震災後における復興事業の一環として行政の手で行われたものであって、こ

図6-4｜東京土地整理地一覧図
色の濃い部分が土地整理が行われた場所。（出典：『交通系統沿線整理地案内』東京土地区画整理研究会，1938年。東京都立中央図書館蔵）

こではこれ以上言及しない。

表6―2は郊外に延びる鉄道の沿線別に土地整理の事業件数を示したものである。たとえば渋谷駅をターミナルとする鉄道のうち、沿線に土地整理組合が多く存在したのは目黒蒲田電鉄・東京横浜電鉄であり、その面積は二二〇〇万坪（一坪＝三・三平方メートル）を超えていた。また、表中の「他線重複」というのは、ある鉄道沿線における土地整理事業が同時に他線の沿線でもある場合の割合を示したものである。たとえば、省線京浜線は京浜電気鉄道とほぼ並行するため、重複率がきわめて高く、同一地区の人びとをめぐって鉄道同士が競合していたことを意味している。

このなかでめだって沿線の整理地面積が大きいのは、目黒蒲田電鉄であった。また、他線との競合が少ないこともうかがえる。同社は、省線を含む他社線がまだ進出していない地区を選んで鉄道を建設し、そこで土地開発を進めていたことになる。

2路線	3路線
26%	
18%	
7%	
5%	1%
87%	1%
	66%
13%	3%
12%	3%
6%	
9%	
28%	
35%	20%
3%	7%
18%	
21%	11%
7%	33%
2%	
2%	

表6-2｜郊外電車と沿線土地整理組合

ターミナル	路線	組合数	坪数(千坪)	他線重複	1路線重複
品川駅口	省線京浜線	16	3,246	100%	74%
	京浜電気鉄道	30	4,561	59%	41%
渋谷駅口	目黒蒲田電鉄	48	12,209	50%	43%
	東京横浜電鉄	24	6,831	87%	87%
	東京横浜電鉄玉川線	24	3,033	67%	60%
	帝都電鉄	12	3,080	100%	12%
新宿駅口	省線中央線	16	4,027	100%	34%
	京王電気軌道	11	1,260	92%	76%
	小田原急行鉄道	21	1,278	69%	54%
	西武軌道(青梅街道)	10	3,089	96%	96%
	西武鉄道(高田馬場)	15	1,764	84%	84%
池袋駅口	武蔵野鉄道	18	3,017	64%	57%
	東武鉄道東上線	15	3,053	30%	22%
	省線赤羽線	20	2,522	98%	70%
上野駅口	王子電気軌道	21	1,557	92%	37%
	京成電気軌道	55	4,418	58%	48%
	東武鉄道	8	468	32%	14%
	省線大宮線(東北線)	24	2,767	100%	67%
	省線松戸線(常磐線)	14	947	100%	60%
	省線千葉線(総武線)	25	2,177	100%	98%
	城東電気軌道	17	2,113	30%	28%

出典：『交通系統沿線整理地案内』東京土地区画整理研究会，1938年

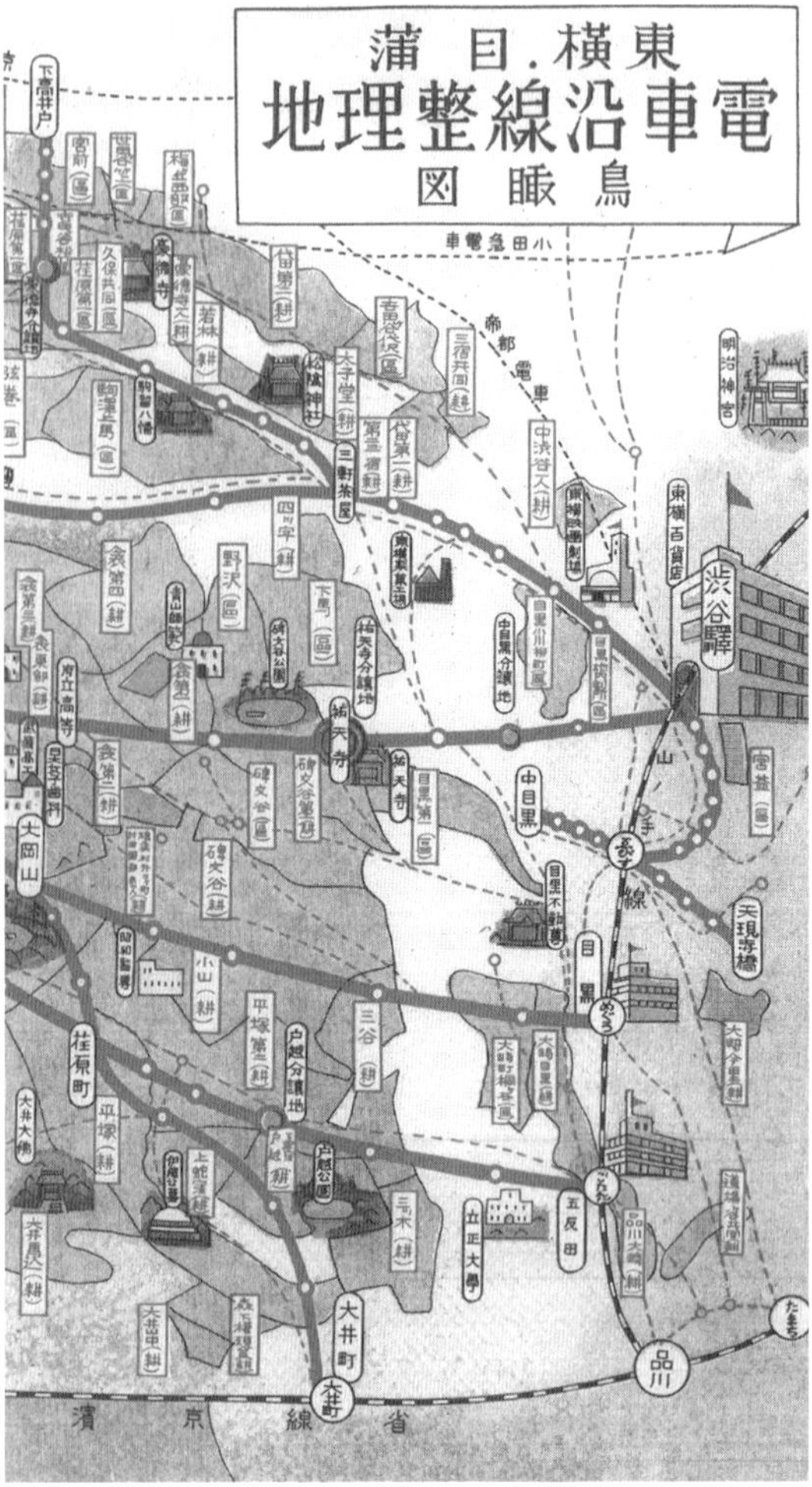

鳥瞰図
1938年。東京都立中央図書館蔵)

土地整理がもたらす社会変化

図6−5は、一九三八年につくられた「東横・目蒲　電車沿線整理地鳥瞰図《ちょうかんず》」である。この図では沿線で土地整理が行われた場所に着色がなされており、沿線に住宅としての好適地が

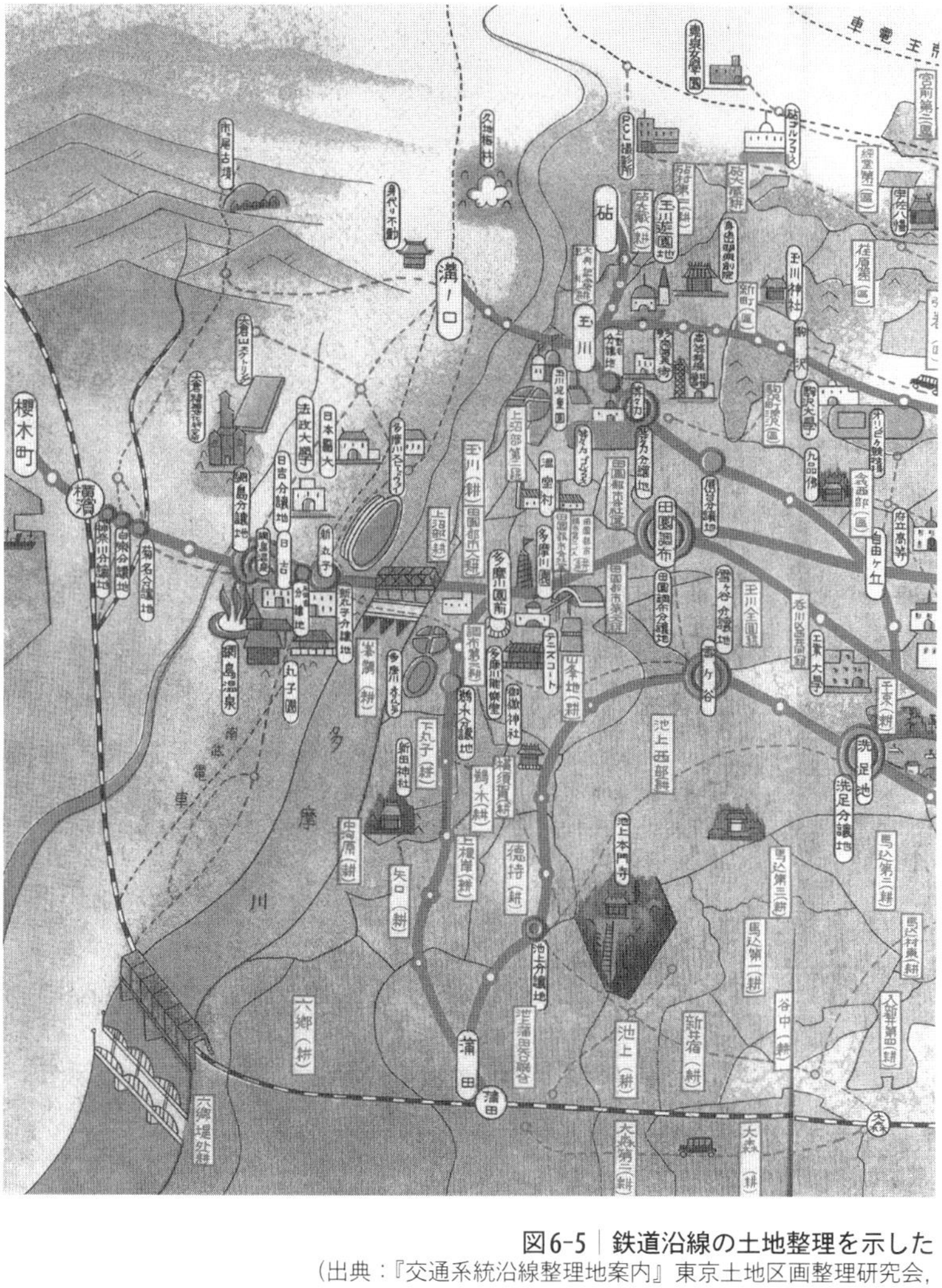

図6-5｜鉄道沿線の土地整理を示した
（出典：『交通系統沿線整理地案内』東京土地区画整理研究会,

どれだけあるかを示している。さらに短冊のような囲いのなかにそれぞれの組合名が書かれている。先に述べたように、東京横浜電鉄および目黒蒲田電鉄の沿線ではまんべんなく土地整理が行われていたことがわかるであろう。また、図の右端にあたる山手線の沿線は逆に土地整理の空白地帯であったこともうかがえる。この一帯ではすでにミニ開発が進み貸家経営が盛んに行われていたため、大規模な土地整理を行いにくかったのである。

この図で興味深いのは、実際のスケールに即した描き方ではなく空間をゆがめて鳥瞰図としている点である。それは、この図をみる人びと、つまり鉄道沿線に住居を求めた人びとには、それで十分用が足りたということであり、彼らにとって実際の空間がどのようなものであるかは関係のないことだったということを意味する。現在の私たちが列車で移動する際にも、重要なのは乗降や乗り換えの駅を間違えないことであって、実際の線路がどの方角に向かっているのかを気にすることはほとんどない。鉄道による通勤・通学が普及したことにより、日常的な生活空間について意識の変化が生じたのである。

変わったのは鉄道に乗る人びとの意識だけではない。土地整理を実施した地域社会にもまた、変化がおよんだ。たとえば東京市に隣接した荏原郡の玉川村(現、世田谷区)で行われた玉川全円耕地整理(図6―6)の場合、事業は当初、村ぐるみのプロジェクトとしてスタートした。領域は村のほぼ全域を覆い、組合長には村長が就くとともに、発起人や発足後の役員は村会議員や村内の有力者が務めた。彼らは比較的大規模な土地をもち、政治的にも影響力の大きな人びとであって、近代史研究者の間で「名望家」と呼ばれるような存在であった。このような人びとが中心となって地域社会を運営する仕組みは明治期につくられたといわれている。耕地整理

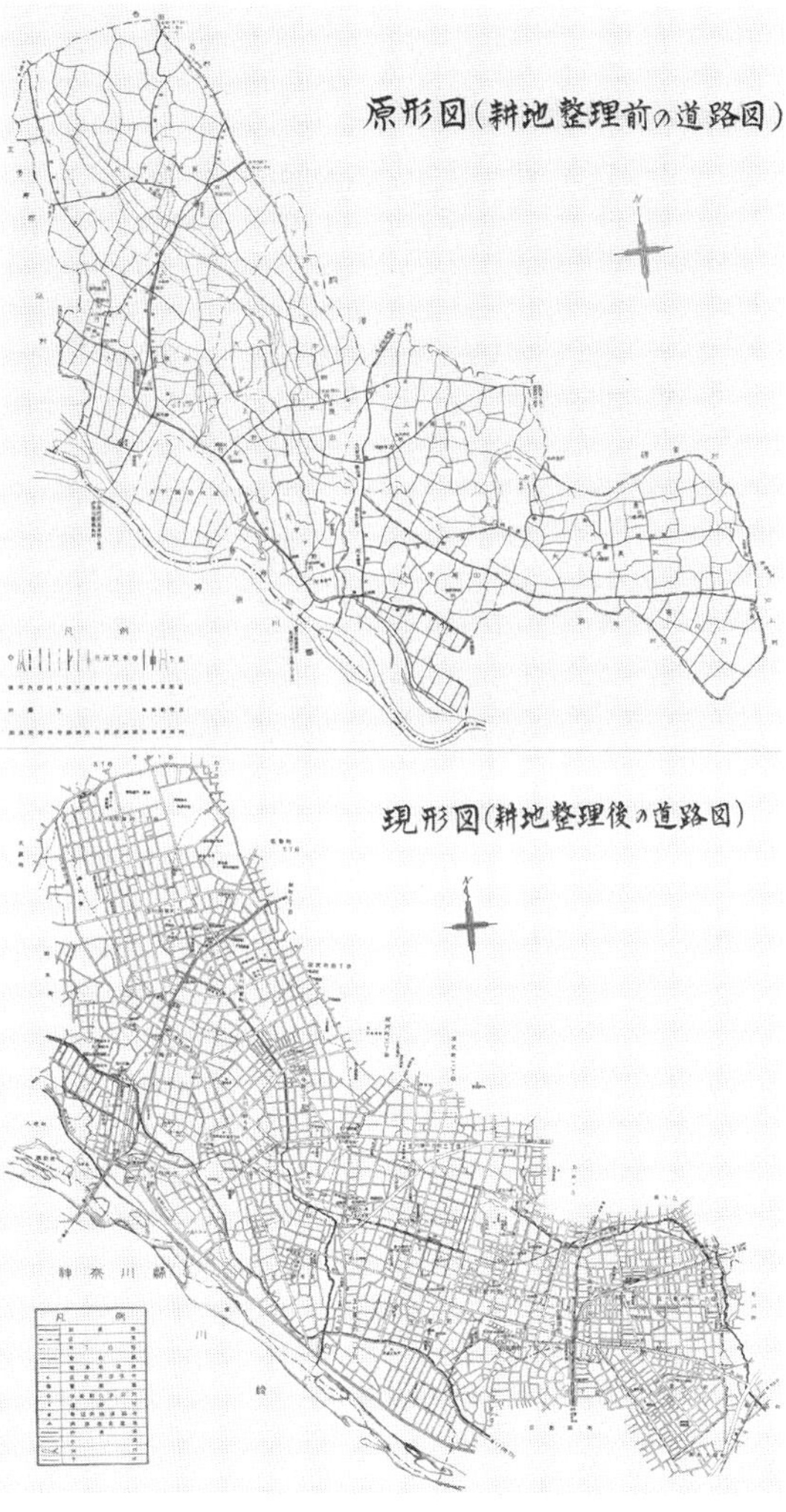

図6-6｜玉川全円耕地整理
土地の区画が整理されたことが道路の形態からうかがえる。
（出典：『耕地整理完成記念誌　郷土開発』玉川全円耕地整理組合，1955年。東京都立中央図書館蔵）

には必ずしも村人全員が賛成したわけではなく、むしろ激しい反対運動があったのだが、そうした人びとにも名望家たちが「俺の顔を立ててくれ」と説得をしてまわり、大字《おおあざ》ごとに合意を形成していったのである。

だが、耕地整理が進行するにつれて、そうしたやり方はゆきづまっていった。たとえば耕地整理では整理前後の土地価格を評定することが重要なポイントとなるが、名望家たちにはそれができなかった。かわりに、委託を受けた耕地整理技術者による評価とそれを基にした綿密な計算書がものをいうようになった。人びとは内心ではその根拠が理解できなかったとしても、専門家がはじきだした経済的に合理性のある計算結果であるといわれれば、それに従わざるを得ないようになっていった。また、国と東京市が推進する都市計画道路の建設を耕地整理の計画に組み込まざるを得なくなったり、先述したように東横・目蒲両電鉄に保留地を事前に買い取ってもらったりしたことで、耕地整理はもはや「村の事業」とはいえなくなり、名望家を中心とした地域社会秩序も新住民の流入とあいまって緩んでいった。[3]

農村から住宅地への転換は、単なる土地利用の変更のみならず、こうした社会関係の変化をもともなっていた。玉川村を含めた東京市隣接五郡の八二カ町村は一九三二年に東京市に併合されたが、その根底にはこのように従来の村や町の自律性が希薄化していたという事情が横たわっていた。そしてそうした変化が、「大東京」の一体性をあたかも自明であるかのようにみなす社会有機体説的な思考につながっていったのである。

2 さまざまな交通調整案

交通事業家の交通調整論

都市の拡大にともなって交通機関が発達するにつれ、何らかの人為的な「調整」や「統制」が必要であるという意見が呈されるようになっていった。自由競争の原則のもと交通機関が急速に発展した結果、並行区間であるにもかかわらず運賃が事業者ごとに異なったり、地域によって設備や賃率に差が生じたりしていたことが、「公益性」を損ねているとして問題視されたのである。また、そうした競争がもたらす二重投資が国民経済上の損失であるともされた。

たとえば、京王電気軌道社長の座にあった井上篤太郎《いのうえとくたろう》(図6―7)は一九三四(昭和九)年、競争を是とする自由主義的な経済を修正して交通を統制することが「現下最大の急務」であるとする論考を発表した。[4]井上はまず、東武・小田急・京成・京浜・京王などの私鉄と国鉄との競

図6-7｜井上篤太郎
(出典：『井上篤太郎翁』井上篤太郎翁伝記刊行会，1953年。国立国会図書館蔵)

争にふれ、それが「単に路線の並行直通のみでなく乗車賃銀の競争的引下げにまで発展してゐる」ことを問題視した。なぜならそれが双方の経営を圧迫するうえ、「物見遊山の客は孰《いず》れも割引電車を利用するに反し、一般利用の客は却つて高額の乗車賃を支払はねばならない」からである。もう一つ井上が指摘したのは、「円タク」と呼ばれたタクシーの問題であった。一九二三(大正十二)年の関東大震災以後急増したタクシーは一時一万三〇〇〇台にまで増加し、料金もその名の由来となった一円から三〇銭程度にまで低下していた。警視庁がナンバーを制限して一万台にまで減らした結果、五〇銭程度に落ち着きつつあったものの、タクシーの値下げ競争はやまなかった。このようななかで「国鉄、円タクの挟撃を受けては郊外電車の発展する余地はない」というのである。

こうした問題を解決するために井上が提唱したのが、次のような事業者の合同であった。

先づ東京、大阪、名古屋等の大都市を中心として適当の円を描き、此の圏内に馳駆《ちく》する交

> 通機関—即ち省線、市電、バス、地下鉄、郊外電車の一切を打って一丸とする半官半民の大会社を作り、資本、経営の合理化を徹底すると共に運賃の統制を行ふ……大都市に於ける統制が出来たら今度は各府県並に小都市の交通機関をそれ〳〵一会社に合同して統制する。つまり大都市は大都市、地方は地方で、宛《あた》かも英国各集団の如く合同、合併を行ひ、以て交通機関の総体的統制を実現するのである

井上は続ける。

> 合同によつて資本の重複が避けられ、各機関との連絡が完《まっと》うすれば、独りこれが利用者の便利を増すばかりでなく自由競争の廃絶によつて運賃を統制することが出来る……新会社は合理的採算のもとに利用者の為に充分なる設備とサービスとが出来るわけである。斯《か》くすれば、株主、従業員をはじめ、各方面に利益が均霑《きんてん》する

このようなアイディアは、第一次世界大戦後のロンドンやベルリンで行われた、市内交通を一元的に経営する特殊法人の設立や、私鉄各社間および国鉄との運輸協定の締結などにならったものであり、そうした動向は当時の交通経済学者によって日本に紹介されていた。このときに井上が依っていたのは、早稲田大学教授であった島田孝一《しまだこういち》であった。島田はイギリスで刊行された交通調整に関する文献を積極的に日本に紹介し、学術的な立場から交通調整に正当性を付与したのである。[5]

自由競争の結果として交通事業者が分立していることを害悪とする見方は、東京地下鉄道の早川徳次《はやかわのりつぐ》にも共通していた。早川は「有機的結合をなす都市圏の拡大」にとって交通機関の能力は重要であるが、「折角各私営電鉄会社が高速度に旅客を運搬し乍《なが》ら山手線にて中断さるゝ結果となり、著しく其の機能を阻害し惹《ひ》ひては商工業の地域的集中傾向に反し群小中心地帯を変則的に派生せしめてゐる」として山手線が「万里の長城」となっている状況を批判していた。[6]

東京の大企業を中心とする経済団体であった東京商工会議所もまた、東京市交通統制委員会を設置して独自に統制案を練った。その概要は、①山手線および池袋―洲崎間環状道路内の路面電車・高速鉄道・地下鉄道・バスなどの交通機関について一つの委託経営会社をつくる、②大東京の範囲にある私鉄やバスは品川・渋谷・新宿・池袋・城東の四～五カ所に分けてそれぞれ共同経営をさせる、これには省線も参加する、というものであった。こうして無益な競争を排し、相互の自由乗り換えや運賃統一などを実施できるというのである。

東京市は独自の市有市営案をもっていたが、従来の自由競争を否定するという立場は財界の主張と共通していた。[7]

帝都交通研究会の発足

内務省系の都市計画官僚が中心となって活動していた都市研究会でも、各交通機関の「連絡、統制の方策を確立する」ため一九三五年に「帝都交通研究会」を組織した。[8] 内務・大蔵・逓信・鉄道の各省からは次官・局長以下部課長級にいたるまで事務官・技官を集め、地方組織からは警視総監・東京府知事・東京市長以下各組織の部課長が名を連ねるとともに、各交通事業者の代表、それから都市研究会の会長・理事も加わった。研究事項は「軌道鉄道及バス線路網の整理に関する件」「軌道鉄道及バスの連絡統制に関する件」「地下鉄道に関する件」の三項であった。内務省都市計画課長であった松村光磨《まつむらみつま》の説明によれば、「連絡」は「主として技術的の方法」であり「統制」は事業や経営に関する事柄とされた。

最初の会合は一九三五年一月に開催された。リーダー格として口火を切ったのは京王電気軌道の井上篤太郎で、内容は先に紹介したものとほぼ同様であった。また、東京横浜電鉄・目黒蒲田電鉄の総帥であった五島慶太《ごとうけいた》は、東京市域拡張がなされたにもかかわらず交通機関の統制がなされてないことを、道路・水道・下水・公益事業などに統制がないことと並べて批判した。

続いて二月七日、おもに課長級の官吏からなる「幹事会」が開催された。ここでは内務官僚出身の都市計画家として大きな影響力を振るっていた池田宏《いけだひろし》が場を仕切った。池田は、法律および官制の改正や中央政府・地方行政庁の組織改編なども視野にいれる発言をして、交通統制の意義を説いた。官庁間における強いセクショナリズムに抗してこのようなことを実現するには大変なエネルギーが必要なはずであり、各省のトップを集めた事実をみるだけでも都市計画官僚たちの企ての大きさや根回しの周到さがうかがえよう。

内務省技師であった桓木寛之は、鉄道・軌道・電車・バスなどを総合して新たな交通網の案を描いてみるべきと主張して池田をサポートした。東京地下鉄道支配人の中島孝夫《なかじまたかお》も東京における交通機関の「根本を決めて行くことが必要」と述べた。少しあとの十五日に開催された会では、五島慶太が「たゞ網の整理とか、電鉄相互の連絡とか、連帯運輸とかいふことをやつて見ても何んでもない、それでは徹底的の統制は出来ない」と述べて同調し、京浜電気鉄道社長の生野団六《しょうのだんろく》も「現在の法規の下にやるといふことでは私は駄目だと思ひます」と述べ、やはり抜本的な制度の改定を支持した。

しかし、鉄道省は異なる動きをみせた。同省運輸局総務課長の山田新十郎《やまだしんじゅうろう》は、交通機関を整備すれば需要がそれについてくるとしたうえで鉄道省自身の改良計画を述べ、あとは各事業者の計画をもちよればよいと述べたのである。これでは一元的な調整あるいは統制の契機は失われてしまう。

独自の市有市営案を構想していた東京市も、内務省都市計画課主導の帝都交通研究会の動きには消極的な態度をとった。この会では鉄道事業者の経営者たちがタクシー統制の必要性を指摘し、「余剰」の四〇〇〇台ほどのナンバー(営業権)を私鉄事業者あるいは東京市で買い取って整理する構想を立てていたが、牛塚虎太郎《うしづかとらたろう》東京市長は「さう簡単に出来ることでせうか」「(余剰を整理したのちの)七千台が適当であるかどうか」と懐疑的な態度をみせた。

都市計画区域を越えた「計画」

続いて帝都交通研究会は、都市計画東京地方委員会事務官であった西村輝一《にしむらてるいち》、内務省技師の框木寛之、そして東京市監査局都市計画課長谷川昇《たにかわのぼる》の三人を招き、講演会を行った[9]。西村は、この三年前(一九三二年)に成立した「大東京」すなわち東京都市計画区域の人口が「昭和三十二(一九五七)年」には九三〇万人に達し飽和すると述べ、都市計画区域外も含めたより広域的な計画を提唱した。東京の多摩地域、埼玉・千葉・神奈川の各県、さらに伊豆大島までを含めた半径五〇キロ圏を標準として外縁にグリーンベルトを配置し、そうした緑地に達する「ドライブ道路」の整備なども提案した。

椢木は、当時提唱されつつあった都市の膨張を抑制する政策を批判する論を展開した。彼は「都会の発達を中断することは私は不可能なことではないかと思ふ」と述べ、人口を府中や調布、所沢など「小さい都会」に分散させれば、「東京はさう大きくならないで、或る程度の大きさで膨張が止まりまして、さうしてそのぐるりの町がだん〳〵大きくなるのでありますから、東京とその町の間は自然に農耕地若くは森林がその儘《まま》保存されるのでありまして、手を労せずして自然に農耕地若くは森林緑地の区域を獲得することが出来る」とした。衛星都市の発想である。

谷川は、東京駅を中心にして一時間以内で到達し得る範囲、「新大東京と申しますか……大々東京と申しますか、この地域がやはり研究の対象でなければならない」と述べた。彼もまた、「東京をどん〳〵発達せしめて、その大都市的機能を益々発揮せしむると同時に、地方的中心地といふか副都心といふかこれを東京のオーガニックな区域に抱擁して、其処にサブセンターを作るべし」と述べた。

三者に共通していたのは、一九二二年に設定された東京都市計画区域が、もはや狭すぎるという認識であった。西村は「都市計画区域は法律上行政区域といふものに依つて拘束されるのではないか」「やはり東京の都市計画に他府県を抱へ込むといふことは色々な不便を伴ふ」と述べたのに対し、内務省の松村光磨は「現在に於て浦和とか、大宮とか、川崎とか、さういふものを全然考慮なしには交通問題統制といふことが無益になりはしないか、唯行政区画の範囲内で、主題をそこに置くといふことはどうも意味を為さぬのではないか」と応じた。

立命館で法学を学び内務省で道路行政にかかわってきた田中好《たなかこう》(その後、政治家に転身し戦後は「道路族」の自民党議員となる)も、その一人であった。田中はこの会議に東京高速鉄道の支配人という立場で出席していたが、三人の話を聞いて「さうなれば都市計画区域を変更して掛る方が合理的ではないか」と述べ、都市計画区域を越えた広域的な範囲で交通統制を行うことを主張した。京王電気軌道監査課長であった宮城栄三郎も、「必要があれば三十キロにも四十キロにも及ぶといふことにしたら宜いではないか」とこれを支持した。

交通統制案の策定

その後、帝都交通研究会では幹事会が三部に分かれてそれぞれ部会ごとに調査を行い、会合をもった。第一部会は軌道・鉄道およびバス路線網の整理に関する事柄、第二部会は軌道・鉄道およびバス・タクシーの統制に関する事柄、第三部会は地下鉄道既免許線の敷設順序建設促進方法などに関する事項を扱ったが、このうち第二部会はもっとも多い一三回の会合をもった。

その検討結果は一九三五年九月二十六日に開催された帝都交通研究会特別委員会で報告されたが、あらましは次のとおりであった。[10]

　まず統制すべき交通機関の種類については、鉄道・軌道・バス・不定期遊覧バス・大型貸切自動車として、これらを「一経営主体に依つて統制する」こととした。言い換えれば、タクシーについては問題を先送りしたのである。第二に、統制区域については東京都市計画区域として、そのなかに起終点をもつ事業者は区域外にわたって統制の対象に含むこととした。都市計画区域は温存するものの、その範囲を越えることにも含みをもたせたのである。第三に、経営主体は既存会社の現物出資などにより新たに企業を設立することとし、政府および地方行政庁が関与するための諮問機関として「交通統制委員会」を設立することとした。また、経営的な視点からは「参与会」を設置して、統制と経済性の両面からコントロールする方針とした。

　ここで問題となったのが、省線電車であった。京浜電気鉄道の生野団六は、「国有鉄道が此の中に入つて貰《もら》ふことが一番いゝ」と述べ、井上篤太郎も「国有鉄道は統制に入つて貰はなければならぬと思ひます」として山手線と中央線(一部)の合同を主張した。しかし、鉄道省はこれに対しあくまで消極的な姿勢を貫いた。前田《まえだ》稔《みのる》監督局長は、都市計画区域外に出ている区間を統制に加えるのは原則なのか例外なのかと質問した。これが例外であるということになれば、本音では省線電車を統合に加わらせたくない鉄道省にとって都合がよい。

統制案の説明にあたっていた池田宏は、個別具体的な事例は実行する段階に考えると述べて逃げようとしたが、前田は再度問い質《ただ》して追及した。これに対し池田は「心持ちは成るべく東京市内の統制を図ることが主たる目的としたものを打つて一丸とする、外に出るやつがありますが、それは若し切つても後でそれが経営可能であるといふものはそれは離しても宜いし、切つてしまつた以上は成立たぬものがありますからそれは勝手にしろといふ訳には行きませんから之にくつつける。気持ちとしては東京都市計画区域内を主たる目的とするけれども切つても経営可能のものは成るべく切り得るやうにしやうといふことです」と玉虫色の返答をした。前田は「それでは先迄《まで》行くものは例外的といふことになるのですね」と念を押した。

一九三五年十月八日の第三回特別委員会でも、鉄道省の前田監督局長は「省線で言へば横須賀とか千葉とか、大宮迄になるがそれ等を全部入れるつもりであるかどうか」と述べて、長大な省線電車を含めた統合案を牽制《けんせい》した。また「省線電車は建設費に相当額な金がかゝて《(ママ)》居り、運賃も比較的安い、それから支出の方が割合に潤沢であり、殊に従業員の待遇も全体として見て国有鉄道の方がいゝぢやないか、さういふ状態で国有鉄道が入ることは之は一寸《ちよつと》今迄《まで》本案が考へられたやうな計算の基礎でやつて行く場合に結果に於てどうなるか」と述べ、さらに「旅客貨物のコストの分割といふ事が又厄介な問題」と加えた。交通統制は主として旅客輸送を対象としており、国鉄の貨物輸送は対象外であった。収受した運賃は切り分けられても、建設費

（施設整備を含む）を切り分けることはたしかに容易ではなかった。

井上は東京という一地方の運輸を国がやるべきでないとして山手線と中央線の東京—新宿間を統制に加えるよう主張したが、前田は運輸協定で十分として議論は平行線をたどった。

陸上交通事業調整法の公布

その後、交通統制に向けた取組みは二年近くにわたり中断した。この理由について池田宏は「政府部内の幹事であり委員であった方々の御更迭が屢々《しばしば》あつた」と一九三七年に述べている。交通統制については「何れも政府の責任ある当局に於て……御考へになるべき筋のものであつて、私の団体に於て兎《と》や角と申すべき筋でもありませぬし、又都市計画のことに付きましては都市計画委員会と云ふやうな有権的の機関もあることであり、さう云ふやうな機関並に政府の免許権、特許権と云ふやうなものに立入つて迄兎や角決めるべき筋でもありませぬし」「軽々しく一私団体に於て討議すべき事項ではない、斯《こ》う云ふことになりまして」「今日迄関係の部で以て調査をしたものは飽く迄機密の書類として取扱ひ悉《ことごと》く之を主務大臣限り秘の扱で以て参考書類として添付すると云ふだけに止めて一切公にしない」ということになったのであるという[11]。すでに述べたように、帝都交通研究会はあくまで私的な会という体裁であったが、実際には内務省の都市計画官僚たちによる主導のもと、既存の各省庁の許認可権にまで立ち入って新しい法の制定を目指す動きであった。こうした動きを歓迎しない勢力から何らかの圧力がかかったことを、池田は示唆している。

しかし、池田にしてみればこうしたことを堂々と発言できるようになったことは、それ自体が状況の好転を意味していた。岡田啓介内閣から広田弘毅内閣、林銑十郎内閣、第一次近衛文麿内閣と変転した政治状況のもと、内務省の都市計画系官僚たちにどのような影響があったのかは今後の研究を待たねばならない。しかし、交通統制に積極的な姿勢をみせていた松村光磨が一九三七年に都市計画局長に就任したことは、おそらく彼らにとって福音だったであろう。こうして、一九三七年十二月十五日の都市研究会総会で「帝都交通統制ニ関スル建議書案」が採択された。一九三八年二月二十一日には、都市研究会が内務・鉄道両省の諮問に基づき帝都交通統制に関する特別委員会を開催し、「陸上交通事業調整法審議会案」を提出するにいたった[12]。都市研究会の動きは、内務省と鉄道省からお墨つきをあたえられたのである。

法案の骨子は、交通事業調整委員会を定めて調整区域を決定し、次のような方法によって交通事業の「調整」を行うというものであった。

一　会社の合併又は設立〔政府の「勧告」による〕

二　事業の買収又は譲渡〔政府の「命令」による。以下同様〕
三　事業の共同経営
四　事業の管理の委託又は受託
五　連絡上必要なる線路其の他の設備の新設、変更又は共用
六　運賃又は料金の制定、変更又は協定
七　連絡運輸、直通運輸其の他運輸上の協定
八　用品其の他の共同購入、共同修繕其の他調整上必要と認むる方法

個別事業者の経営に対して鉄道省と内務省が相当に強い権限をもって介入する内容といえる。このときの鉄道省監督局長であった鈴木清秀《すずきせいしゅう》も、「調整に対し、非常な熱意を有つて居る」と述べて積極的な態度をみせた。ただし、「国有鉄道は自ら調整を命ずる」立場なのでその扱いについては法文上に記さないこと、また国有鉄道は「国内全般の所謂《いわゆる》輸送、軍事上の輸送其の他と云ふものを非常に考へなければ」ならない立場であるから一地方である東京のことについて拘束されるわけにはいかないとして、省線電車の参加については明言をさけた。省内でもなお調整がつかなかったのであろう。

この原案をもとに、一九三八年四月、陸上交通事業調整法が公布・施行された。「公益ノ増進ヲ図リ陸上交通事業ノ健全ナル発達ニ資スル」というのがその目的に掲げられたが、内務省

の側からみれば「鉄道、軌道の線路網の決定や改廃を始めとし其の他の計画に付て都市計画の見地から先以て根本的な検討を行はねばならぬ」（松村光磨）というのがその目的であり[13]、交通行政のみならず都市計画行政の一貫と位置づけられていたことはここまでみたとおりである。

ただ、東武鉄道の根津《ねづ》嘉一郎《かいちろう》などは、東京のためだけに立法することの問題性を早い段階から指摘していた。これに対して内務省は「唯単り帝都のみに止めて置かないで、地方に在つても同様の関係にあり、交通機関としての使命を果すことの出来ないやうな状況にある地方に対しましては、之を調整し得る根拠法として制定を致したい」と述べ、他都市へも応用し得るとすることでこれを正当化した。[14]既存の行政体系を打ち破る性質をおびた「交通調整」を全国で行おうというのである。以上の動きは近衛文麿内閣のもと、「新体制運動」の一環として進められたのであるが、それがこのように新たな統治技術を志向する動きを含んでいたことにも注意を払っておきたい。

交通センサスの開始

陸上交通事業調整法公布から一カ月後の一九三八年五月、東京市ではじめての大規模な交通利用実態調査が行われた。「各交通機関相互への乗継ぐ客は夫々幾等あるか、ラツシユアワーに於ける乗客はどの位あるか、乗客の流れはどうなつてゐるか、各区間の乗客数はどうであるか等の調査を行ふ」といった事柄を個票配布によって調査するもので、戦後の一九六〇年から五年ごと行われるようになった大都市交通センサスの先駆けともいえるような試みであった。

これに先立つ一九三五年二月七日、先に述べた帝都交通問題研究会の席上において東武鉄道支配人であった畑中《はたなか》四郎《しろう》が交通機関別輸送分担率のような「帝都の交通調べといふやうなもの」がないのかと尋ねたことがあった。しかし、当時は鉄道省・東京市・警視庁のいずれもそのような統計は整備しておらず、「調整」を行うための前提となるデータが存在していなかったのである。それが、ここにいたってようやく実現したことになる。

調査は、五月十七日（火曜日）の初発から終電まで、地方鉄軌道（私鉄）と省線電車、乗合自動車のすべてを対象に実施され、山手線については外回りと内回りも区別した。調査方法は乗客に対し駅の出札口や改札口、車内などで調査票を配布するというもので、車内で切符を購入する交通機関の場合は切符にかえて調査票を配布することとした。調査票は乗車票と連絡票からなり、両者がミシン目で切り離されるようになっていた。乗客は下車する際に乗車票を渡し、乗り換え時には連絡票を渡してあらたな調査票を受け取ることとされた。

たとえば目黒から浅草まで新橋乗り換えで山手線と地下鉄を乗り継いでいく場合、乗客はまず目黒駅の改札口で調査票を受け取り、右隅の「五反田経由」と書かれた一片を切り捨てて新橋駅の改札で乗車票のみを渡して、地下鉄の改札口ではさらに連絡票を渡して新たに調査票を受け取る。最後に浅草で下車する際には乗車票のみ渡し、残った連絡票はもち帰るといった具合である。

定期券および無賃乗車票の所持者には青色の調査票を、その他の乗車券保持者には白色の調査票を渡し、両者を区別することもなされた。

3 交通調整の行く末

交通調整の実施

一九三八(昭和十三)年、陸上交通事業調整法制定を受け鉄道大臣の諮問機関として交通事業調整委員会が設置された。十一月十六日付で鉄道大臣から委員会に対して「東京市及び其の附近に於ける陸上交通事業の調整に関する具体的方策如何」という諮問が発せられ、委員会では東京都市圏の交通調整について協議することになった。[16]

議論の焦点は大きく分けて二つあった。一つは、調整の対象範囲である。これは、旧東京市一五区の範囲内で事業者を合同するにとどめるという「小統制」案と、それに対し概《おおむ》ね三〇キロ圏内の郊外をも含む「大統制」案とがあった。もう一つは、統制後の所有および経営の形態である。これは、東京市が一元的に経営する案と、半官半民の特殊企業を設立する案とが有力であった。いずれも帝都交通研究会ですでに議論されていたことではあったが、ここで改めて俎上《そじょう》に載せられたのである。

委員会は、鉄道省・東京市、そして民間事業者の三つ巴《どもえ》という構図になった。鉄道省は、省線電車と長距離列車とは同一の施設を利用しているためそれらを分離するのは技術的に困難であるという従来の主張を繰り返した。東京市は、将来建設される地下鉄も含めてみずから運営するのを理想としつつ、少なくとも旧市域内で路面電車・バス・地下鉄を一元的に経営したいと望んでおり、その意味では小統制寄りの意見であった。民間事業者は、建前としては大統制を支持したが、経営権を奪われることへの懸念から積極性を欠き、所有および経営の形態も私有私営が望ましいと主張した。この委員会においては内務省に属する都市計画官僚の影響があまりみられず、そのためいずれも交通事業者としての利害を前面に押し出す結果となった。

事態は膠着《こうちゃく》したが、当初は合同に消極的であった鉄道省が交通調整を受け入れる態度を示すと、議論が進展した。鉄道省は合同に参加する条件として、各事業者が鉄道省に経営を委託する案を提示した。国鉄による運営の一元化である。ほかの事業者はこれに反発したが、妥協案として半官半民の企業体を設立する案が有力となった。たとえば五島慶太は「東京交通株式会社」案を作成・公表した。これは政府二二％、東京市二五％、民間五三％の出資比率で資本金九億円の企業を設立し、東京駅を中心に半径三〇キロ圏内、具体的には横浜・原町田（現、町田）・浅川（現、高尾）・川越・大宮・粕壁（現、春日部）・安孫子・千葉の各駅までを営業するという内容であった。経営のトップに立つ総裁と副総裁は株主総会で選ばれた候補者のなかから政府が任命すること、利益処分や社債の募集には政府の認可を要することなども盛り込まれていた。

鉄道官僚出身で次官まで務めた中川正左《なかがわせいさ》は、区域としては大統制を支持したうえで「官公私合同会社案は、陸上交通調整の小委員会に於ても又特別委員会に於ても、大多数の賛同を得て居」るとしてこの案を評価した。一方で、東京市に対して「何時迄も市側の反対によりて合同会社案の進行否な調整事業の実施が遅々として進まないのは遺憾千万である」と批判した。[17] 東京市は一九三九年に『市民の為の交通統制』と題したパンフレットを作成し、市有市営案を訴えていたのである。

だが、民間事業者のほうもいざ事態が進展しようとすると、慎重な態度をみせるようになった。五島は中川が上記の論考を寄せたのと同じ『都市公論』誌上で、「小統制（中央統制）案も民有民営案も、共に最初から捨てて顧みられなかつたのではあるが、白紙に返つて再出発する場合、之れ等こそ、最初に而も最も有力に検討せらるべきものになるのではなからふか」と述べていた。さらに「果して省リング・バーン〔山手線のこと〕を、どうしても現物乃至経営権出資為さしめねばならぬ決定的必要があるであらうか。率直に云つて、私はその必要がないのではないかとさへ考へる」として、山手線の合同案を批判したのである。[18]

同じころ、交通事業調整委員会では委員の一人であった堤《つつみ》康《やす》次郎《じろう》が鉄道省の合同参加に対し強硬に反対した。堤は衆議院議員という立場で委員に名を連ねていたが、みずからも武蔵野鉄道と西武鉄道の経営権を掌握した直後であり、実質的には私鉄事業者の利害を代弁していた。これが一九三九年末ごろのことで、五島が『都市公論』誌上で意見を述べたのとほぼ同じタイミングのことであった。こうして、一旦は実現に近づいたかにみえた大合同案は水泡に帰した。

委員会は結局、全体を旧市内および郊外の五つの方面別ブロックに分け、それぞれのブロック内で統制を行うという方針に転換した（図6—8）。これは諸派の主張を折衷したようなもので、旧市内においては路面電車とバスを東京市に一元化する一方、地下鉄は半官半民の特殊法人（帝都高速度交通営団）を設立することとした。郊外では、鉄道省が参加しないまま私鉄事業者の経営権を温存することとした。

一九四一年になって、鉄道省監督局長であった大山秀雄《おおやまひでお》は『都市公論』誌上で統制の必要を改めて訴えた。大山によれば交通量は「事変〔日中戦争〕前に比べ凡そ二倍にもなつておる」のに対し「輸送上の設備は僅《わず》か二割か三割増加せられてゐるに過ぎ」ず、「どうしても現在有る設備を最大限度迄利用し、之を綜合《そうごう》的に、計画的に運用致しまして、重点主義に依る運営の実を挙げることが、最も肝要」と述べたうえで、「之を円満に且徹底的に遂行する為には、交

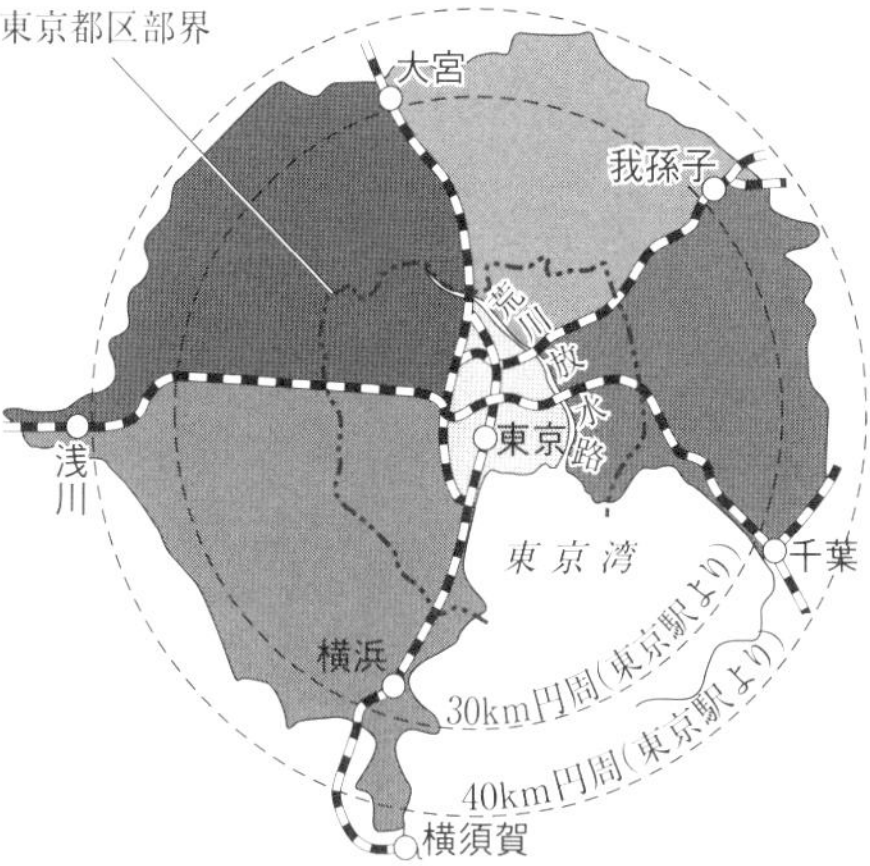

図6-8｜東京の旧市内および郊外の交通調整ブロック
(渡辺伊之輔『東京の交通』〈東京都交通局, 1954年〉より作成。)

通事業の統制を行ふことが、是非必要」と唱えたのである。[19]

この結果、郊外の各ブロックでは交通調整を錦の御旗にした事業者間の競争が激化し、場合によっては企業の買収や合併にまで進展した。結果的には、東京横浜電鉄を中心とする南西ブロック、武蔵野鉄道・西武鉄道を中心とする北西ブロック、東武鉄道を中心とする北東ブロック、京成電気軌道を中心とする南東ブロックに編成され、それぞれのブロック内で統合が進められたのである。

こうした機運をもっとも敏感にとらえたのは、五島慶太の経営にかかる東京横浜電鉄であった。同社は一九四二年に京浜電気鉄道と小田原急行鉄道を合併して東京急行電鉄となり、一九四四年には京王電気軌道に対して敵対的買収を仕掛けたのち合併にもち込んだ。さらに神奈川・静岡両県の事業者からも営業を受託し、膨大な交通網をつくり上げた。

交通調整の戦後

このように、陸上交通事業調整法そのものは必ずしも戦時立法とはいえないものであったが、実際の事業者統合は戦時下において時流の勢いを得て実施された。東京横浜電鉄が小田急および京浜電鉄を合併する際、申請書に「極力人ト物ト費用ヲ節約シソノ余剰ヲ国家緊要ノ方面ニ提供セントス」[20]と記したことは、交通調整のそうした性質を物語っている。

東京急行電鉄に合流した各社は同社の「支社」となったが、戦後になって労働者たちを中心に支社単位での独立が企図された。その際に用いられたのは、合併が戦時中の「変態的現象」であったという理屈であった。交通調整は戦時の産物であるから、戦争が終了した今こそ各社は旧態を取り戻すべきというのである。こうした運動は結果的に成果をあげ、一九四八年に京王帝都電鉄・小田急電鉄・京浜急行電鉄の各社が東京急行電鉄から独立した。厳密にいえば、戦前は小田急系であった旧帝都電鉄線(現、京王電鉄井の頭線)は京王と一体になったのであるから単なる戦前への回帰ではなかったが、とにかく交通調整は戦時立法であったという理屈がとおったのである。

一方、鉄道官僚出身で戦後は帝都高速度交通営団の総裁となった鈴木清秀は、一九五四年に『交通調整の実際』という書物のなかで「陸上交通事業調整法は、臨戦経済政策の産物ではない」と評価した。前述したような同法制定までの経緯をみれば、鈴木の指摘は間違っていなかったことが理解できよう。実際、同法は第二次世界大戦後も存続し、効力を発揮し続けた。たとえば一九四八年に東京都が東京急行電鉄の天現寺線および中目黒線を、一九五一年に西武鉄道の新宿線(軌道)をそれぞれ買収し、東京都電の一部としたことは、陸上交通事業調整法の方針に沿ったものであった。また、東京都が都バスの郊外延長を企図した際に私鉄各社は陸上交通事業調整法を理由にこれを拒絶し、結局は相互乗り入れに落ち着いたという事例もあった。[21]

一九二六年に東京市電気局に入職し戦後は東京都交通局長となった渡辺《わたなべ》伊《い》之輔《のすけ》も同じく一九五四年、『東京の交通』という書物において陸上交通事業調整法についてふれ、「動因は理想的都市の建設であり、その本願たる交通事業一元化の前提としての調整であつて、この意味で戦時立法と排斥することは決して妥当な考え方ではない」とした。しかし、彼は一方で「戦後社会情勢の一変と共にこの法律もまた適応性に乏しくなった」とも述べた。渡辺は、戦前以来の悲願であった東京都（一九四三年に東京府と東京市を一体化して成立）による独自の地下鉄建設を企図しており、「都自らこれ〔地下鉄〕を経営すべきであつて、現在のように国の管理下にある営団の経営に委ね、出資の大部分を国有鉄道に依存せしめるがごときは適当とは考えられない」として同法の主旨に反対する立場をとったのである。東京都は終戦間もない一九四六年に「地下鉄都営実現に関する意見書」を関係大臣に提出し、「大統制の実現のため都営地下鉄を建設すべきとする」として「帝都高速度交通営団法の廃止に関する法律案」まで策定していた。一九五八年になって、都は渡辺交通局長のもとで地下鉄の免許を取得する。

東京の交通調整は、範としたロンドンなどの欧米各都市と比べるといかにも中途半端で、経営主体の統合はおろか、規格の統一や直通運転の拡大すらも戦時中に実現することはなかった。

これらについては、第二次世界大戦後になって私鉄各社・国鉄・地下鉄の相互乗り入れが実現するにおよび、少しずつ実現していくことになる。また、運賃制度の統一についてもこんにちにいたるまで実現しておらず、外国からの訪問客などにとってはわかりづらい制度となっている。もっとも、乗車券の共通化は自動改札の普及によって二一世紀転換期に急速に進展した。最初はプリペイド型の接触式磁気カードによって、ついで非接触式のICカードが登場して、JR各社や私鉄事業者の鉄道・バスが共通のカードで乗車できるようになった。これを交通調整の一種とする見方もある。

1　高嶋修一「京王電鉄の歴史的視点」『鉄道ピクトリアル』七三四号(二〇〇三年)
2　高嶋修一「西武鉄道のあゆみ」『鉄道ピクトリアル』七一六号(二〇〇二年)
3　高嶋修一『都市近郊の耕地整理と地域社会　東京・世田谷の郊外開発』(日本経済評論社、二〇一三年)
4　井上篤太郎「大都市を中心とする交通機関統制の急務」『都市公論』一七巻二号(都市研究会、一九三四年)
5　井上篤太郎「交通界の更生と交通統制の急務」『都市公論』一八巻三号(都市研究会、一九三五年)
6　早川徳次「都市交通の特異性に就て」『都市公論』一八巻一号(都市研究会、一九三五年)
7　鈴木栄一郎「帝都交通問題の十字路」『都市公論』一八巻三号(都市研究会、一九三五年)
8　「帝都交通問題研究会記録」『都市公論』第一八巻三号(都市研究会、一九三五年)
9　「帝都交通問題研究会」『都市公論』第一八巻七号(都市研究会、一九三五年)
10　「帝都交通問題研究会記録」『都市公論』第一九巻一号(都市研究会、一九三六年)

11 「都市研究会総会と帝都交通統制要綱」『都市公論』第二一巻一号（都市研究会、一九三八年）
12 「陸上交通事業調整法案審議会」「陸上交通事業調整法案」『都市公論』第二一巻三号（都市研究会、一九三八年）
13 松村光磨「陸上交通事業調整法の成立に際して」『都市公論』第二一巻四号（都市研究会、一九三八年）
14 前注12
15 山脇秀輔「東京市に於ける交通機関の今昔」『都市公論』第二一巻六号（都市研究会、一九三八年）
16 「交通事業調整委員会議事速記録」（ここでは野田正穂・老川慶喜編『戦間期都市交通史資料集』第一～三巻〈丸善、二〇〇三年〉を利用）
17 中川正左「東京地方の交通統制に就て」『都市公論』第二三巻一号（都市研究会、一九四〇年）
18 五島慶太「東京市の交通統制に於ける各種企業形態の得失と一つの提案」『都市公論』第二三巻一号（都市研究会、一九四〇年）
19 大山秀雄「都市の交通統制」『都市公論』第二四巻九号（都市研究会、一九四一年）
20 鉄道省文書「東京横浜電鉄、京浜電気鉄道、小田急電鉄会社合併の件」（一九四二年二月七日）『鉄道免許・東京急行電鉄十四・昭和十六～十七年』（国立公文書館蔵）
21 渡辺伊之輔『東京の交通』（東京都交通局、一九五四年）

終　章

本書のまとめ

本書は、東京の鉄道や軌道にまつわる技術を扱ってきた。留意したのは、いわゆるハードウェアの技術だけでなくソフトウェアの技術にも着目すること、そしてそれらの導入が移動時間の短縮や市街地の拡大をもたらしたことを確認するのみならず、新しい技術の導入にともなう人びとの行動や規範の変化、ひいては社会の変化をみることであった。

第1章では、馬車鉄道をみた。馬力という一見すると前近代的な動力が実は市街地化の進展という近代的な状況のなかで積極的になされた選択であったこと、それがクローズド・システムという近代になって考案された稠密《ちゅうみつ》運転のための技術を採用していたことをみた。東京馬車鉄道は一八九〇年代以降の「営業改良」において近代的な企業体としての体制を整備し、その帰結としてやがて電車化を志向するにいたった。利潤を拡大させるべく体系的な施策を計画的に遂行していくこと、すなわち近代的な経営を行うこともまた一つの技術であった。

第2章では、東京で市街電車を運行するに先立ち問題となった動力方式の問題を取り上げた。従来、東京で市電の開業が遅れた理由としては東京市を含む数多くの参入希望者があり、それぞれが政治的なバックグラウンドを有して党派的な対立を繰り広げたことが指摘されてきた。本書ではそうした政治的な対立がむき出しのまま展開したのではなく、技術評価をめぐる対立として表出したことを示した。こうしたことは、こんにちの原子力発電に対する安全性評価の問題などをみても理解できるであろう。注意したいのは党派性を隠蔽《いんぺい》するために技術が持ち出されたとは必ずしもいえない点である。むしろ、技術というものは必ずしも中立的ではなく、特定の立場と不可分の関係にあることを確認しておきたい。

第3章では、市街電車の運行が人びとの行動様式や規範にもたらした影響をみた。馬車鉄道では乗客が任意の場所で乗降できたのに対し、市街電車は決まった停留所でしかそれが許されなかった。それだけでも人びとはシステムに則った振る舞いを求められたのであるが、さらには整列乗車や車内での迅速な移動、小銭の準備なども要求された。すべては、電車をスムーズに運行し輸送力を確保するためであった。市街電車は運行当初より輸送力不足が指摘されており、設備投資を通じた解決には限界があったうえ、連結運転や急行運転のような試みも失敗に帰していたという事情がこのような要求の背後にはあった。もっとも、実際には割り込み乗車や飛び乗り・飛び降りが頻繁に行われていたことも史料は示していた。

第4章は、鉄道省が運行した省線電車を取り上げた。本格的な「高速鉄道」としてははじめてのケースとなった京浜線電車は、開業当初は数多くのトラブルに見舞われ、半年にわたって運休し設備の改修をせざるを得なかった。これは、土木・機械・電気という各分野間の調整がうまくいかなかったことが一因であり、巨大システムにおいてどのような組織を設計するかという問題を先駆的に示したものであった。この時期には電気供給にかかわるトラブルも頻発した。鉄道省は買電と自家発電の組み合わせにより電気を調達していたが、発電業者の技術的なトラブルが多発したことから、自家発電に切り替えた。東京市も同様の対応を行ったが、これらもまた巨大システムと組織にかかわる問題の表出であった。

同章ではまた、省線電車における輸送力増強の取り組みとその限界にも言及した。輸送需要の増加にともない、鉄道省は新線の開業はもちろんのこと、車輛の大型化や長編成化、増発や速度の向上などといった設備投資を行った。しかし一方で、全国の鉄道を所管する鉄道省の立場上、東京という「一地方」への重点的な投資には限界があり、戦時期には進行中であった線路増設計画なども中止された。設備投資の不足を補うために行われたのは、乗客の行動様式や規範への介入であった。てきぱきと行動しスムーズな流れをつくるための方策が考案され、それを守ることは道徳的な行為とされた。裏返せば、それができない、守れないことは不道徳とみなされるということである。このように人びとの行動を統御するためのイデオロギー注入を含む諸施策もまた、技術の一環であった。

第5章では、都市計画を社会技術の一つとみなし、とりわけ高速鉄道の配置をめぐってたたかわされた議論を追った。「都市計画」という概念が確立する以前は、鉄道院(省)が主導してそれに類似の事柄に取り組んでいた。やがて内務省を中心に都市計画官僚が育ち、鉄道省によるそれまでの取り組みを批判しつつ、みずから「科学的」「理論的」な高速鉄道計画を立案するようになった。焦点の一つは高架式で建設するか、地下式で建設するかをめぐるものであったが、本書では、当時の技術者たちがドイツなどにおけるSバーン(大量輸送機関)とUバーン(中量輸送機関)を区別せず両者ともに「高速鉄道」の訳語をあてたことが、議論を錯綜《さくそう》させた可能性をも示した。

都市計画の思想的な特徴は、対象地域を一つの有機体とみなし交通機関をその「血脈」として整備していこうとする点にあった。一五区からなっていた東京市と周辺の町村との境界の意義は希薄となり、「市内交通」と「郊外交通」の境界は実際の市町村境ではなく山手線に移っていった。一九三二(昭和七)年の「大東京」成立以後、市は山手線の駅まで市電の延伸を試みたが、一方で郊外私鉄が地下鉄を建設してその内側にはいり込むことに対しては拒む姿勢をとり続けた。東京市みずからが地下鉄を建設して運営するという意志を保ち続けたためである。この結果、山手線は郊外私鉄にとって「万里の長城」となった。

第6章では交通調整を取り上げた。都市が一個の有機体であるという見方はそれを設計主義的に改造しようという発想に親和的であり、その具体化として内務省の都市計画官僚を中心に郊外をも含めた交通調整が企図されたのである。その前提には土地整理と宅地化などを通じた従前の地域社会の変容があった。交通調整に関してはこれまで事業者間の乗っ取りが注目されてきたが、乗っ取られた側の経営者にしても、交通調整が必要であるという建前は否定していなかった。鉄道省は省線電車を含む合同案に運賃切り分けなどの「技術的」な理由から消極的な態度をみせたが、逆にいえばそうした論法をとらざるを得ないほど、正面切って反対することの難しい案件だったのである。交通調整は関係者のさまざまな思惑もあって結果的に妥協的な実施に落ち着いたが、都市計画の社会技術としての側面は、この時期に最大限に発揮されたといえる。

明治半ば以降に始まった都市東京の拡大は、大量輸送機関の整備を必然化した。これらを支えたのはさまざまなハードウェアの技術であったが、東京の場合にはそれらを活用した設備に関しては常に最小限の投資しかなされなかった。結果として、東京の都市交通機関の輸送力は慢性的に不足気味であったが、これを補うために導入されたのが人びとの行動様式や規範といったソフトウェアの技術であった。時間どおりに無駄なく行動するよう教えられた人びとと、限られた資源を計画的に投入しようという設計主義的な発想とが組み合わさって、都市拡大への対処が行われたのである。このような傾向は戦間期からすでに強まっていたが、第二次世界大戦期になっていっそう強められた。

戦後の展望

第二次世界大戦後についても若干の展望を示しておく。

市街電車は、一九四三年の東京都発足にともない「市電」から「都電」となったが、輸送力不足を抜本的に解決するにはいたらなかった。戦後に製造された六〇〇〇形電車は中間扉を省いた前後二カ所のみに扉をもつ構造となり、輸送力の点においては後退ともいえた。部分的な改良工事は行われたものの、連結運転や運転速度の向上といった課題は解決しないまま一九六〇年代に都電の廃止方針が決定され、のちに「都電荒川線」と呼ばれることになる早稲田―三ノ輪橋間を例外として廃止された。市電の廃止はヨーロッパの各都市でも一時期行われたものの、まもなく方針が転換され、一九九〇年代以降は高速化・長編成化がはかられたり新線の建設が行われたりした。日本の状況はこれと比べると対照的であった。

地下鉄は高度成長期に建設が進んだ。戦前に着工したものの戦争のため工事が中断されていた丸ノ内線は、一九五四年の池袋―御茶ノ水間開業以降、順次延伸した。ここまでは地下鉄独自の小型車体と第三軌条方式の集電システムを採用していたが、その後は郊外へ延びる私鉄や国鉄と直通運転を行うこととなり、それらの規格にあわせて車体の大型化がはかられた。戦前に東京市の技術者が否定していたことが、輸送力増強という課題に従って実現したのである。この結果、東京の地下鉄は車体の大きさにおいては大量交通機関なみとなったが、一方で駅間距離が短いため都心部での移動には多くの時間を要することとなった。また、今から振り返れば戦後の東京における地下鉄建設のペースは、その後、著しい経済発展を背景に急速な整備を進めた周辺の東アジア諸国の都市、たとえば上海・シンガポール・台北・ソウルなどと比較すると緩慢であった。

郊外路線を含む「高速鉄道」に関しては、国鉄が戦前からの悲願であった田町―田端間における山手線と京浜東北線の分離を一九五六年に実現し、一九六〇年代には「通勤五方面作戦」と称して首都圏各方面への複々線化と新しい運転系統の設定を行った。しかしこの「作戦」は混雑率三〇〇％以上という状況が出現するにおよんで対症療法的に立案されたものであり、国鉄が東京への重点投資に及び腰であったことは戦前と同様であった。私鉄各社もまた部分的に残っていた併用軌道を新設軌道に改めたり複線化・複々線化をはかったりしたが、営利企業である以上は最小限の投資によって利潤を最大化することに努めるのであるから、余裕のある設備をあらかじめ準備するインセンティブは弱かった。たとえば多摩ニュータウンの開発当初、小田急と京王が新線建設に消極的であったことは、その表れといえる。

こうしてみると、第二次世界大戦後の高度成長期においてさえ、全体として設備投資は抑制的であったと評価すべきであろう。設備投資を最小限におさえつつ限られた設備をフル回転させるという戦前以来の特徴は、戦後にも温存されたのである。このような設備で高頻度の定時運行を確保するには、すでにみたように利用客の順応が必要であった。「交通道徳」という言葉が戦後も残り、青少年への教育の一環として交通マナーの注入が行われたことは、戦前以来の特色が存置されたことを意味している。

抑制的な設備投資と関連して、運転系統は単純なままにおかれた。京浜東北線や山手線に典型的にみられるように、東京では他線と相互乗り入れを行わず単純な往復運転や環状運転のみを行うことに徹する路線が多かった。一九七〇年代にはいると、先ほど述べたように郊外路線と地下鉄の相互直通も行われるようになったが、これらにしても本質は長大路線の往復運転といってよく、運転系統は概して単純であった。そのことは、乗客みずからが路線網をよく理解して正確に乗り換えを行うことではじめてネットワークが機能することを意味する。もちろん、乗り換えに際しては人の流れの邪魔にならぬよう機敏に行動することが求められた。

もっとも、何もかもが戦前と同じであった訳ではない。高度成長期を境に変わったのが、都市計画であった。すでにみたように、一九三〇年代半ばには都市の拡大を抑制し巨大都市の周辺に緩衝地帯を設けてその外側に衛星都市を配置するという考え方が生まれたが、これは戦時期から戦後にかけて日本の都市計画官僚の間で主流となり、やがて一九五六年の首都圏整備法に結実した。ところがこれは郊外の自治体に不評であった。みずからの管下に緩衝地帯が設定されれば税収が増加する機会を失ってしまうからである。鉄道会社も乗客の増加が見込めなくなるからと反対した。結局、一九六五年になって首都圏整備法は改定され、都市の連担的拡大が許容されるようになる。

これと並行して、都市計画家たちのプレゼンスは後景に退いていった。彼らがもっとも影響力を発揮したのは一九三〇年代から五〇年代にかけてであったが、その後、彼らの設計主義的な発想はいずれかといえば「国土計画」のほうへと重点を移し、都市においては限られたエリアを対象にした散発的な拠点再開発が主流となった。こうしたなかで、都市交通の計画は一九五五年に設置された都市交通審議会において事実上決定されるようになった。これは戦時期の交通事業調整委員会の役割を継承するものであったとひとまず評価できるが、都市計画との関係については今後の研究を待たねばならない。

拡大する一途をたどっていた東京都市圏は、一九九〇年代初頭の「バブル崩壊」以後、変化を生じた。「都心回帰」と呼ばれる現象が発生し、郊外交通事業者は互いに限られたパイの奪い合いを余儀なくされるようになった。一九八七年に国鉄が民営化されてＪＲが発足したことも競争に拍車をかけ、各社とも輸送量の減少によって相対的に設備に余裕が生じるなかで、利便性向上を目的として運転系統の複雑化に取り組むようになった。二〇〇一(平成十三)年にサービスを開始した「湘南新宿ライン」はその典型であるが、一方で列車の遅延が広範囲に波及しやすくなるなどの課題も生じた。都心部では地下鉄の建設が二〇〇八年の副都心線開業をもって一応完了したものとされ、インフラの拡大よりも維持が課題となる社会への転換を印象づけた。

また、バリアフリーの促進やホームドア設置などが少しずつではあるが進みつつあるのも、新しい傾向である。こうしたことはより多くの人に自由で安心できる生活を保障するものであり、その限りでは、かつてのようにてきぱきと行動できる人のみが主役であったのに比べれば、望ましい変化といえるかもしれない。しかし一方で、秩序や安全を保つという名目で駅や車内にはカメラが取りつけられるようになり、さらにはＩＣカードの利用記録から一人一人の人間を追跡するようなことも技術的には可能になって、「監視されない自由」とのバランスが議論されるようになっている。自宅などでネットワークに接続しつつ業務を行うといった新しい勤務の形態も生み出されているが、裏を返せば自宅にいても会社に状態を把握されるのだといえなくもない。

こうしてみると、二〇世紀の前半に社会のシステム化を進めた「社会技術」は、こんにちにおいても同様に作用し続けていることが察せられる。技術の進歩によって、私たちはより自由になったようなつもりでいるかもしれない。だが序章にも述べたように、実際には自由意志に基づいているつもりの行動一つ一つがますますシステムのなかにがっしりと組み込まれているという可能性も低くはないのである。これは、技術というものが社会技術としての性質をおびるようになった以上、避けてとおることのできない事態なのかもしれない。

本書は、このようなシステム化した社会の呪縛から人びとは解放されるべきだとか、あるいは社会のより円滑な運営のためには人びとがシステムに組み込まれることを甘受すべきだとかいうことを主張するものではない。それは、人びとがそれぞれに考えればよいことである。だが、技術というものが個人と社会との緊張関係のうえに成立していることを自覚しておくことは、技術の奴隷ではなく主人でありたいと願うすべての人びとにとって無益とはいえないのではないだろうか。

あとがき

本書は本来、もっとずっと早く刊行されるはずであった。初期のミーティングに提出した企画書には二〇〇三年の日付が付されているから、それから一六年の歳月が流れたことになる。実は同時に他の著者によるいくつかの関連企画もスタートしたのだが、そのほとんどは日の目をみていない。このようなことは決まり文句の「著者の怠慢」くらいで起こるものではない。本書についていえば私の怠惰が主因であるのは認めざるを得ないが、それだけでなく今世紀に入って生じた、大学や研究者をめぐる状況の変化が暗い影を落としているに違いないのである。いずれにせよ、今更になって原稿を受け取ってくださり、本のかたちに導いてくださった山川出版社には、何と申し上げてよいか言葉が見つからない。

もう一つ白状しなければならないことがある。筆者は、本書の内容に概ね沿ったテーマで二〇〇四年度に安藤記念奨学財団(現、公益財団法人小田急財団)から研究助成を受けた。現在の私であれば、本書のどこか一部分に相当する内容に絞って調査を進めたであろう。しかし、当時の私はどうしたことか本書全体かそれ以上の範囲を扱ってしまい、そして概説めいた報告書しか書けないまま所定の期間の終わりを迎えた。当然の帰結として審査員の先生から厳しいお叱りを頂戴したが、その「罪」を償うためには、出来はともかく当初構想していたものを完成させるしかなかった。だから私にとって本書はその成果物でもあるのだが、これも先方にしてみれば今更であろう。

いったい、世の中に「お蔵入り」となる研究というのはどれくらいあるのだろうか。「こんなテーマがある」「あんなテーマがある」と思いつきを並べることはできても、日の目をみるのはほんの一部であろう。苦労して原稿を書いたのに刊行の機会を得られなかったという経験は少なからぬ研究者に心当たりがあるだろうし、逆に周囲が応援し客観的な条件を整えてくれたにもかかわらず、自分が書けずに期待を裏切ってしまうという辛い経験も、たくさんの書き手が味わったはずである。それから、実は時間はあまりないのだという当たり前の事実にも、くたびれかけの中年になった今、気づかされつつある。

本書はいわゆる専門書ではないが、しかし研究の成果を他者と分かち合いたいという希望から生まれた。この間、並行して博士論文を書き、それを本にまとめ、さらに他人《ひと》から原稿を頼まれたり、他人を巻き込んで一緒に原稿を書いたりしながら、その傍らで少しずつ調査を進めてきた。本業とは別の「夜店」だと考えたことはない。存分に時間を与えられてこの仕事により多くのリソースを割けたならばもう少し早く完成したのかもしれないが、それはいってても仕方がない。むしろこの間、環境は劇的に改善したというべきであろう。初期には苦労して史料を見に出向いたりコピーを取ったりしていたのが、いつの間にか復刻版の資料集が刊行されたり、さらにはインターネット上で画像を見ることができるようになったりした。それを手放しで喜んでよいのかどうかはわからないが、おかげで何とか執筆を諦めずにすんだことには、感謝しなければならない。

愚図愚図しているうちに、歴史学界における関心のありようも変わった。本書の背景をなすもっとも大きな問題意識は、システム化された社会において人間が主体性を喪失することに対する関心である。これは二〇世紀末の歴史学にとってはごく当たり前の感覚であったが、今はやや古びてしまった。むしろシステムのガラス細工のような繊細さと、それを破綻させない人びとの営為をたたえるのが当世風なのかもしれない。しかし、筆者は大都市の通勤電車の神業ともいうべき精緻なオペレーションに感嘆し、それを支える人々の営為に敬意を払いつつも、通勤が「痛勤」ともいわれる状況が常態化し、それに慣れることがあたかも「社会人」の要件であるかのようにいわれる日本社会には、正直なところ違和感を禁じ得ない。人口密度だけみれば一八世紀の奴隷船よりもはるかに劣悪な環境に、生涯通算では奴隷たちよりはるかに長い時間押し込められ、それでいて当人たちはさしたる不満もなく、場合によってはその電車の利用者であることにプライドさえ抱いているような社会は、私にはどこか不条理にみえるし、その謎を解くための鍵はやはりシステム社会をどうみるかという点にあるように思われる。
本書が示したような、二〇世紀前半に成立した通い方、そして働き方、暮らし方に対しては近年見直しが叫ばれるようになってきている。しかし一方で、ＩＴ技術が進んで「テレワーク」が可能となっても問題は簡単には解決しないという指摘もある（イアン・ゲートリー著、黒川由美訳『通勤の社会史』太田出版、二〇一六年）。筆者はそのような現在の問題を解決するための専門家ではなく、さしたる妙案をもっているわけでもないが、一つだけいえそうなことは、歴史上のどこかの時点で出現したものは、同じようにどこかの時点で消え去っても驚くに値しないということである。機会があれば戦後についても調べを進めてみたい。

高嶋　修一

二〇一九年四月

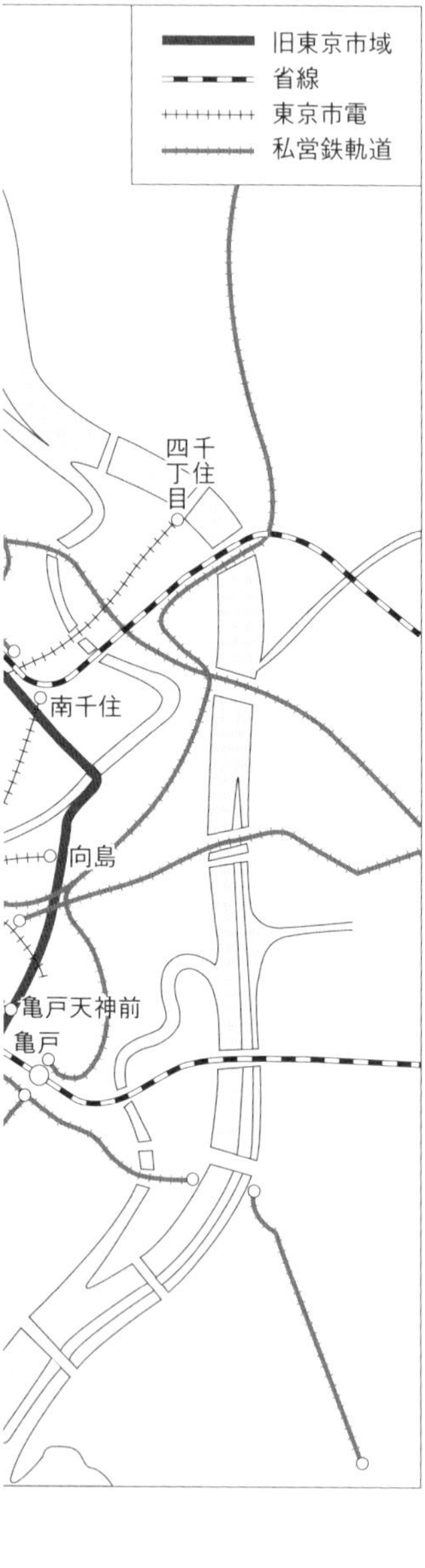

東京市電路線図
(1932年頃。『東京都交通局60年史』〈東京都交通局, 1972年〉より作成。)

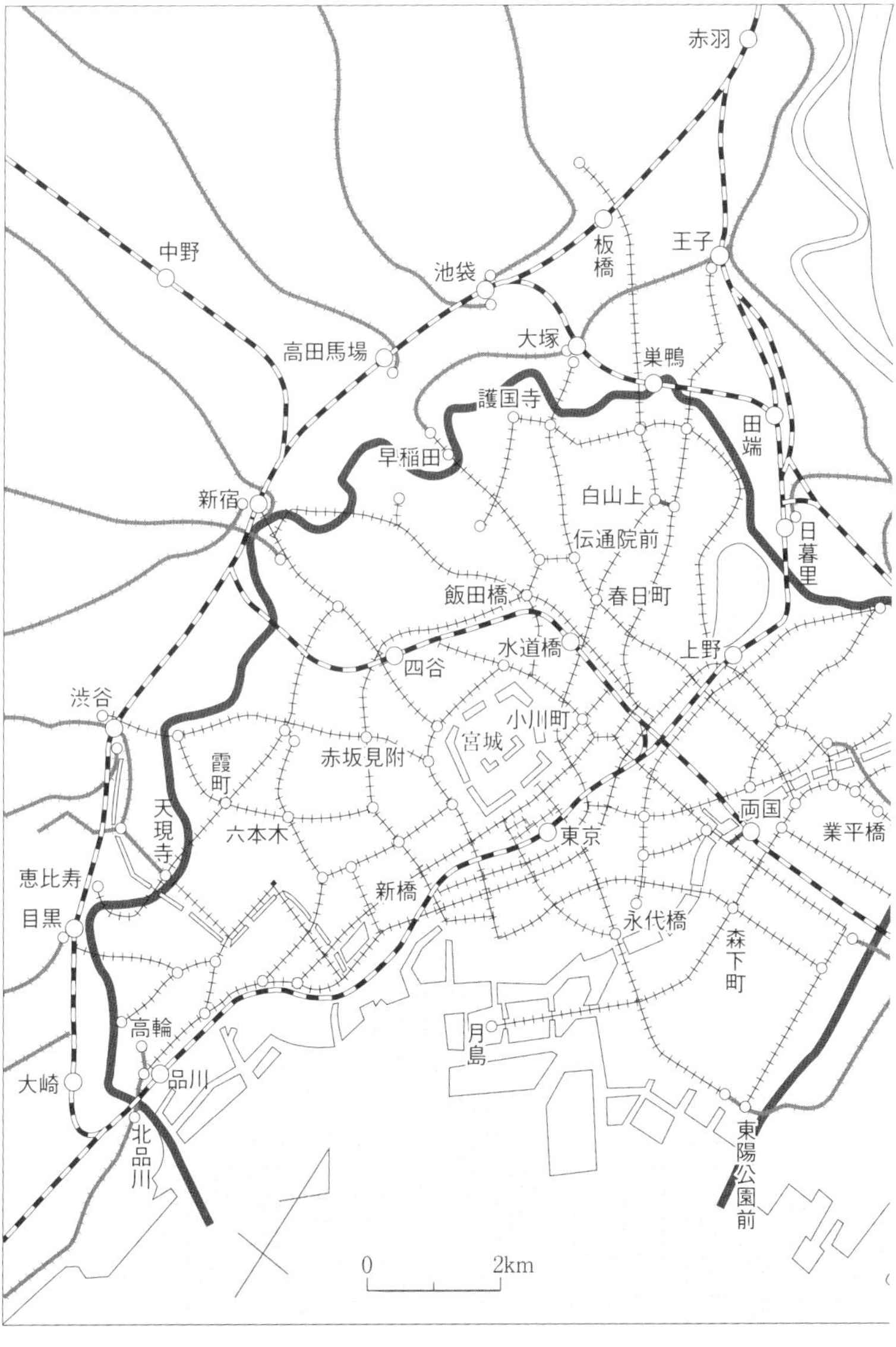
赤羽
中野
池袋
板橋
王子
高田馬場
大塚
巣鴨
護国寺
田端
早稲田
新宿
白山上
日暮里
伝通院前
飯田橋
春日町
水道橋
上野
四谷
渋谷
小川町
宮城
赤坂見附
霞町
天現寺
両国
六本木
東京
業平橋
恵比寿
新橋
目黒
永代橋
森下町
高輪
月島
大崎
品川
北品川
東陽公園前
0
2km

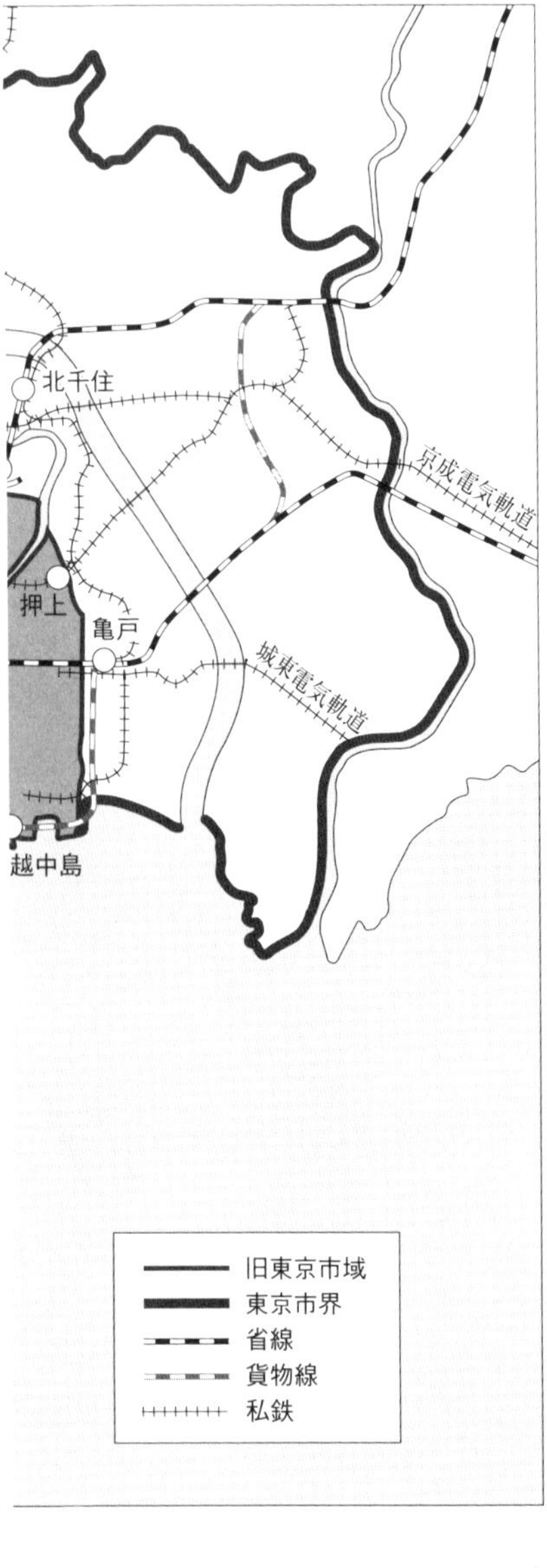

東京都市計画区域内における交通機関図
(1927年。『東京市郊外に於ける交通機関の発達と人口の増加』〈東京市役所，1928年〉より作成。)

217　東京都市計画区域内における交通機関図

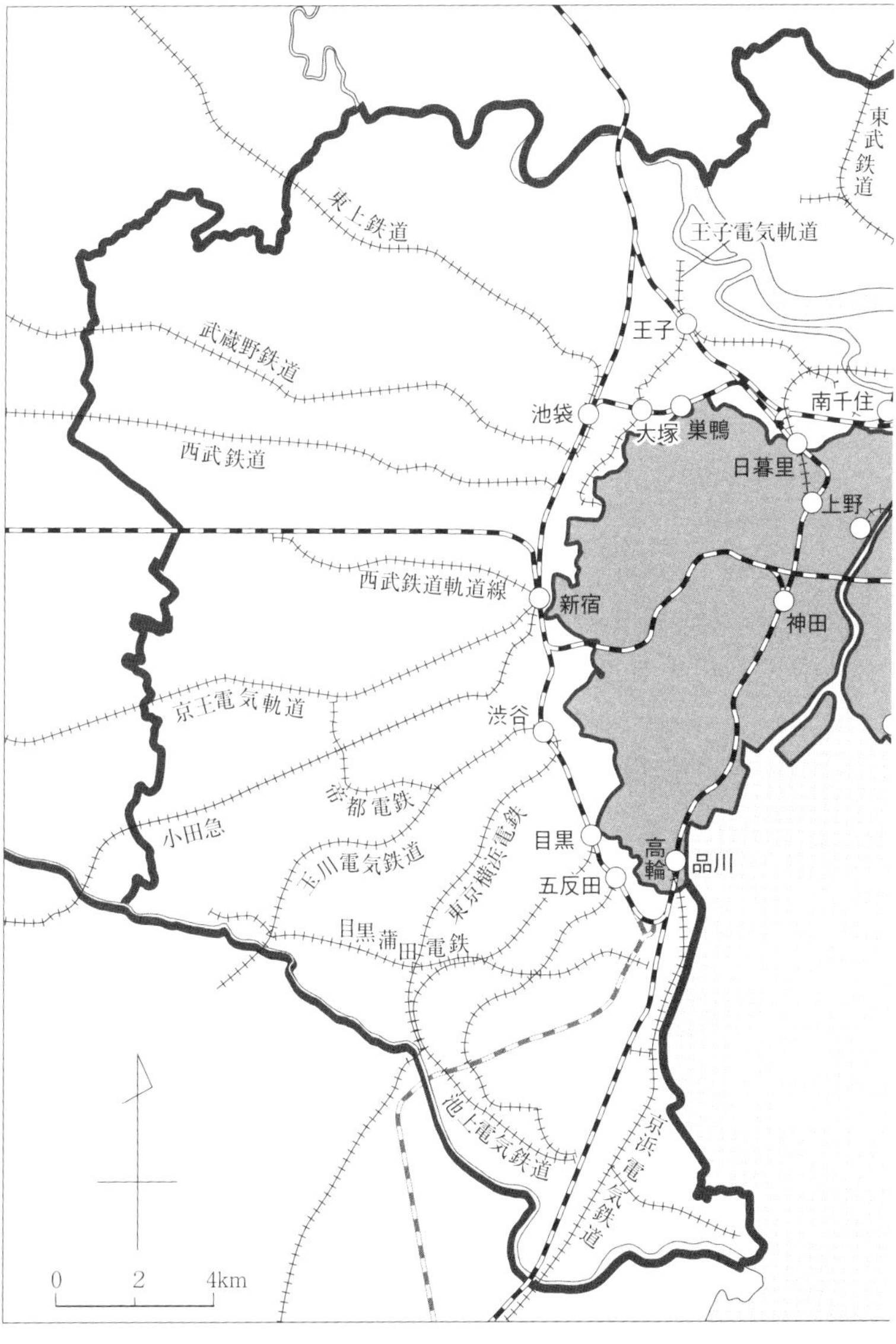

		東京高速鉄道開業(1939年までに渋谷―新橋間開業)。交通利用実態調査，実施。交通事業調整委員会発足。
1940	15	大日本青年団および大日本少年団が交通道徳実践隊を組織。
1941	16	関東各県で通学自治連盟結成。帝都高速度交通営団(営団)設立。
1942	17	駅内正常歩運動実施。東京横浜電鉄，京浜電気鉄道と小田原急行鉄道を合併し東京急行電鉄成立。
1943	18	東京都成立。
1944	19	東京急行電鉄，京王電気軌道を合併。
1946	21	戦災復興都市計画で101.8キロの地下鉄網計画(1949年に営団が免許取得)。
1948	23	東京急行電鉄から京王帝都電鉄・京浜急行電鉄・小田急電鉄が分離独立。東京都，東京急行電鉄より市街線の一部(天現寺線・目黒線)を買収。
1951	26	東京都，西武鉄道より軌道線(新宿線)を買収。
1954	29	鈴木清秀，『交通調整の実際』刊行。渡辺伊之輔，『東京の交通』刊行。営団丸ノ内線，池袋―御茶ノ水間開業。
1956	31	国鉄，山手線と京浜東北線の分離実施。
1958	33	東京都，地下鉄免許を取得。
1976	51	国鉄，横須賀線と東海道線の分離実施。
1987	62	国鉄民営化，JR 発足。
2001	平成13	JR 東日本，湘南新宿ライン運転開始。
2008	20	東京メトロ(営団を民営化し2004年発足)，副都心線開業。

1925	14	東京市政調査会『小市民は東京市に何を希望してゐるか』刊行。東京市電，4000形導入。国鉄山手線，神田―上野間開業。国鉄，電車用主電動機(モーター)の出力呼称を馬力からキロワットへ変更。国鉄，一段制動階段弛めブレーキ操作導入。国鉄，停車時間短縮および出発合図電鈴化実施。内務省，改定都市計画高速鉄道網告示。玉南電気鉄道開業。
1926	昭和元	国鉄，電車用の制式主電動機導入(翌年 MT15と形式名制定)。国鉄京浜線，自動ドア導入(1932年度までに山手線・中央線にも普及)。
1927	2	東京地下鉄道，浅草―上野間開業(1934年までに新橋まで開業)。東京横浜電鉄開業。京王電気軌道，玉南電気鉄道を合併。西武鉄道，高田馬場―東村山間開業，既存の東村山―川越間を電化。
1928	3	国鉄京浜線，赤羽延伸。逓信省，鬼怒川水力電気に対し改善命令。東京市，芝浦火力発電所操業開始。東京市，『東京市郊外に於ける交通機関の発達と人口の増加』発行。武蔵野鉄道，池袋―練馬間複線化(1929年，保谷まで複線化)。
1929	4	東京市電，最高速度を時速24キロに引き上げ(1933年に30キロ)。
1930	5	東京市電，5000形導入。国鉄，川崎火力発電所運転開始。国鉄，横須賀線電車運転開始。
1931	6	京成電気軌道，青戸―日暮里間開業(1933年，上野公園〈現，京成上野〉まで延伸)。
1932	7	国鉄，総武線御茶ノ水―両国間開業。東京市域拡張実施。東京市会，市営高速鉄道免許の民間への譲渡を決議。
1933	8	国鉄，中央線飯田町―御茶ノ水間の複々線化および緩行線・快速線の分離実施。帝都電鉄開業。
1934	9	東京高速鉄道設立。井上篤太郎，交通統制を提唱する論文を発表。
1935	10	帝都交通研究会発足，交通調整のあり方を議論。
1936	11	東京市電定期券発売開始。国鉄，「京浜急行線」着工(のち中断)。第2次東京市域拡張実施。
1937	12	国鉄，信濃川水力発電所運転開始。都市研究会，総会で「帝都交通統制ニ関スル建議書案」を採択。
1938	13	国鉄，京浜線2等車廃止。陸上交通事業調整法公布・施行。

1904	37	玉川謙吉『東京電車案内』刊行。甲武鉄道，飯田町一中野間で電車運転開始。
1905	38	阪神電気鉄道開業。京浜電気鉄道，品川一神奈川間開業。
1906	39	東京市街電車3社合併，東京鉄道成立。東京市街電車にボギー車導入。甲武鉄道と日本鉄道，国有化。
1909	42	国鉄山手線，上野一烏森(現，新橋)間電化。
1911	44	東京鉄道市営化，東京市電気局の経営に移行。
1912	大正元	東京市電，小石川の郡市境界一巣鴨橋間開業で市外延伸。
1913	2	鬼怒川水力電気操業開始。
1914	3	国鉄京浜線，開業式でトラブル発生，ついで営業休止。国鉄，川崎に矢口発電所開設。
1915	4	国鉄京浜線，営業再開。国鉄，組織改正で技術部および技監ポスト廃止。武蔵野鉄道開業。
1916	5	名和長憲男爵夫人温子，渋谷駅で飛び降りを試みて事故死。
1918	7	国鉄，柏木発電所を変電所に変更。地方鉄道法公布。
1919	8	東京市電，片側3扉の1653形導入。国鉄中央線，中野一吉祥寺間電化および東京一万世橋間開業。都市計画法制定。帝国鉄道協会，『東京市内外交通ニ関スル調査書』発表，大東京の範囲を明示。東京市内高速鉄道の免許を4社が取得(東京地下鉄道以外は1924年失効)。
1920	9	東京市電利用客，年間4億人を突破。鉄道省成立。内藤新宿町，東京市に編入。都市研究会，「帝都交通機関改善要綱」で市電の市外延伸を提言。
1922	11	東京市政調査会設立。東京市電，本所・深川方面で試験的に連結運転実施。交通道徳会設立。東京市都市計画区域設定。京王電気軌道，車両のブレーキ改造で高速運転に対応。武蔵野鉄道，池袋一所沢間電化(1925年，飯能まで電化)。
1923	12	東京市電，扉付きの3000形導入。東京市電，急行運転開始(1926年まで)。国鉄，赤羽発電所開設。関東大震災発生。国鉄山手線，架線電圧を600ボルトから1200ボルトに昇圧(1927年，中央線も昇圧，1931年までに1500ボルト化)。
1924	13	工政会，パンフレット『高速度鉄道に就きて』発行。高速鉄道促成を建議。

年　表

西暦	年　号	出　来　事
1880	明治13	種田誠一ら，馬車鉄道敷設を東京府に出願。
1882	15	東京馬車鉄道開業。
1883	16	日本鉄道，上野駅開業。
1885	18	日本鉄道，品川ー赤羽間開業。
1890	23	第3回内国勧業博覧会でスプレーグ式電車のデモンストレーション運転実施。
1891	24	東京馬車鉄道社長谷本道之による不正手形事件発覚，経営陣交替へ。
1893	26	東京馬車鉄道，電気への動力変更を出願。
1894	27	東京馬車鉄道，上野ー浅草間で閉塞運転開始。
1895	28	浅野応輔と山川義太郎，単線架空式の欠点を指摘。福沢捨次郎・藤山雷太ら，東京電車鉄道Ⅰを出願。官設鉄道で三等定期券発売。
1896	29	東京馬車鉄道，馬車滞留防止のため任意の場所での客扱いを中止。岡田治衛武ら，川崎電気鉄道出願。
1897	30	東京馬車鉄道，動力変更を追願。袴田喜四郎・利光鶴松ら，東京自動鉄道を計画。川崎電気鉄道，渋谷広尾ー川崎・大森間特許取得。
1898	31	東京馬車鉄道，藤岡市助を欧米視察に派遣。
1899	32	生方敏郎，上京。東京馬車鉄道，セルポレー式蒸気動車の走行試験実施。東京電気鉄道Ⅰ・東京電車鉄道Ⅰ・東京自動鉄道が合同し，東京市街鉄道成立。川崎電気鉄道，渋谷広尾ー川崎・大森間特許取得。内務省，東京市内における動力制限の達を発する。東京帝国大学，付近での単線架空式を避けるよう東京府に申し入れ。
1900	33	東京馬車鉄道，東京電車鉄道Ⅱと改称。政府，東京市内電車の民営および複線架空式の採用などを閣議決定。東京馬車鉄道，動力変更特許取得。東京市街鉄道，特許取得。川崎電気鉄道，市内区間の特許取得(のち東京電気鉄道Ⅱ)。
1902	35	石橋湛山，上京。
1903	36	東京市内で市街電車運転開始。

索　引

著者紹介

高嶋　修一　たかしま　しゅういち

1975年生まれ。
東京大学文学部卒，同大学院経済学研究科博士課程修了。博士(経済学)。
立正大学経済学部専任講師，青山学院大学経済学部准教授を経て，
現在，青山学院大学経済学部教授。専門は日本経済史。
〈主要業績〉
『都市近郊の耕地整理と地域社会　東京・世田谷の郊外開発』(日本経済評論社，2013年)
『日本の鉄道をつくった人たち』(共著，悠書館，2010年)
「栗原軌道の成立と展開」(『青山経済論集』69巻４号，青山学院大学経済学会，2018年)
このほか，『西日本鉄道百年史』(共著，西日本鉄道株式会社，2008年)，『さいたま市史　鉄道編』(共著，さいたま市，2018年)などの社史・自治体史，『鉄道ピクトリアル』誌などにも執筆。

カバー図版

［表上］明治後期の東京馬車鉄道（高松吉太郎コレクション，鉄道ピクトリアル提供）

［表下］電機車随行車連結之図（「電車鉄道変更ニ関スル追願書」東京馬車鉄道株式会社，1897年。東京都立公文書館蔵）

［ 裏 ］東京都市計画区域内ニ於ケル交通機関図（『戦間期都市交通史資料集 第15巻』〈丸善，2004年〉に収録の『東京市郊外に於ける交通機関の発達と人口の増加』〈東京市役所，1928年〉より。）

［ 地 ］京浜山手線電車平日運行表：昭和3年4月2日改正（東京鉄道局運転課電車係編『省線電車概況』1928年。鉄道博物館蔵）

都市《とし》鉄道《てつどう》の技術《ぎじゅつ》社会史《しゃかいし》

2019年7月20日　第1版第1刷印刷　　2019年7月30日　第1版第1刷発行

著　者　高嶋《たかしま》　修一《しゅういち》

発行者　野澤　伸平

発行所　株式会社　山川出版社
〒101-0047　東京都千代田区内神田1-13-13
電話　03(3293)8131(営業)　03(3293)8135(編集)
https://www.yamakawa.co.jp/　　振替　00120-9-43993

印刷所　株式会社　太平印刷社

製本所　株式会社　ブロケード

装　幀　菊地信義　　本文デザイン　Malpu Design（佐野佳子）

ISBN978-4-634-59109-7